DON BOSCO
VERLAG

Elisabeth Wagner

Sehen – hören – spüren

Sinnesspiele für Kinder von 3 bis 8

DON BOSCO

Die Deutsche Bibliothek – CIP-Einheitsaufnahme

Wagner, Elisabeth:
Sehen – hören – spüren : Sinnesspiele für Kinder von 3 bis 8 /
Elisabeth Wagner. [Ill.: Felix Weinold]. – 2. Aufl. – München :
Don-Bosco-Verl., 1997
   ISBN 3-7698-0815-0

2. Auflage 1997 / ISBN 3-7698-0815-0
© by Don Bosco Verlag, München
Umschlag: Felix Weinold,
unter Verwendung eines Fotos von Christa Pilger-Feiler
Illustrationen: Felix Weinold
Gesamtherstellung: Salesianer Druck, Ensdorf

Gedruckt auf chlorfrei gebleichtem, umweltfreundlichem Papier.

Inhalt

Liebe Leserin, lieber Leser!

In unserer veränderten Umwelt fehlen Kindern manche Sinneserfahrungen, die früher selbstverständlich waren. Gerade heute ist daher ein Erleben „mit allen Sinnen" ein wichtiges pädagogisches Anliegen.

„Sehen – hören – spüren" ist ein praktisches Buch für das lebendige und zeitgemäße Arbeiten mit Kindern. Diese Spieleinheiten entstanden in meiner langjährigen Arbeit mit Kindern, Kindergärtnerinnen und Erzieherinnen. Sie sind also ausnahmslos in der Praxis erprobt!

Die Einheiten tragen dazu bei
– Neugier und Experimentierfreude im Kind zu wecken,
– seine Sinne anzuregen und die Erlebnisfähigkeit zu steigern,
– positives Sozialverhalten aufzubauen, Rollen zu erproben,
– Sacherfahrung zu vermitteln,
– zum Denken und Fühlen zu ermutigen.

Alle Spielvorschläge sind leicht durchführbar, kindgerecht und im Vertiefungsteil an konkrete Situationen und Erfahrungen geknüpft.

Sie dienen dem sinnlichen Erfahren / Erspielen von begrifflichen Gegensatzpaaren (durch Bewegung, gegenständlich, musikalisch und kognitiv) sowie dem Erfahren / Erspielen von Material (Objekten) wie Steine, Nüsse, Seifenblasen, Watte ...

Dadurch werden die Phantasie der Kinder angeregt, eigene Gestaltungsmöglichkeiten angeboten und die Entwicklung des Körperbewußtseins gefördert.

Welche Sinne jeweils angesprochen werden, zeigen Piktogramme:

 sehen    hören    spüren

Die Übungsvorschläge ermutigen die Erzieherinnen und Lehrkräfte, *eigene* Ideen und Einfälle ihrer Kindergruppe in die Spieleinheiten einzubauen und zu verwirklichen.

Viel Freude beim Ausprobieren!

Elisabeth Wagner

Tips zum Begleiten von Klanggeschichten

Einführung

Zu Anfang sprechen Sie am besten mit den Kindern über das Leben der Tiere und Personen, die in der Geschichte vorkommen. Als Vorstellungshilfe verwenden Sie Bilder oder Zeichnungen. Das ist für dreijährige Kinder besonders wichtig.

Bewegung der Kinder mit Bewegungsbegleitung

Die Kinder sollten zuerst versuchen, die Tiere durch Bewegungen darzustellen. Dabei begleiten Sie zunächst die Bewegungen bereits mit den entsprechenden Instrumenten, die den Personen oder Tieren zugeordnet werden.

Das Verklanglichen der Geschichte

Die Verklanglichung der Geschichte ist eine Weiterführung des Bewegungsspiels. Sie erzählen die Geschichte und spielen dazu das passende Instrument. Dann wird die Geschichte noch einmal erzählt und von den Kindern auf den Instrumenten begleitet.

Wer die Geschichte erzählt, muß nach jedem Abschnitt auf eine genügend lange Erzählpause achten, damit das Kind Zeit hat, auf dem Instrument zu spielen.

Darstellungsspiel

Sie oder ein Kind erzählen die Geschichte. Einige Kinder spielen auf den Instrumenten, die anderen versuchen, den Ablauf der Geschichte darzustellen. So wird die Klanggeschichte ausgespielt und vertieft.

Es können dabei 10 bis 25 Kinder in das Geschehen miteinbezogen werden. Die Kinder sollten die Instrumente, die sich zum Verklanglichen eignen, auch spielen können.

Die Instrumente

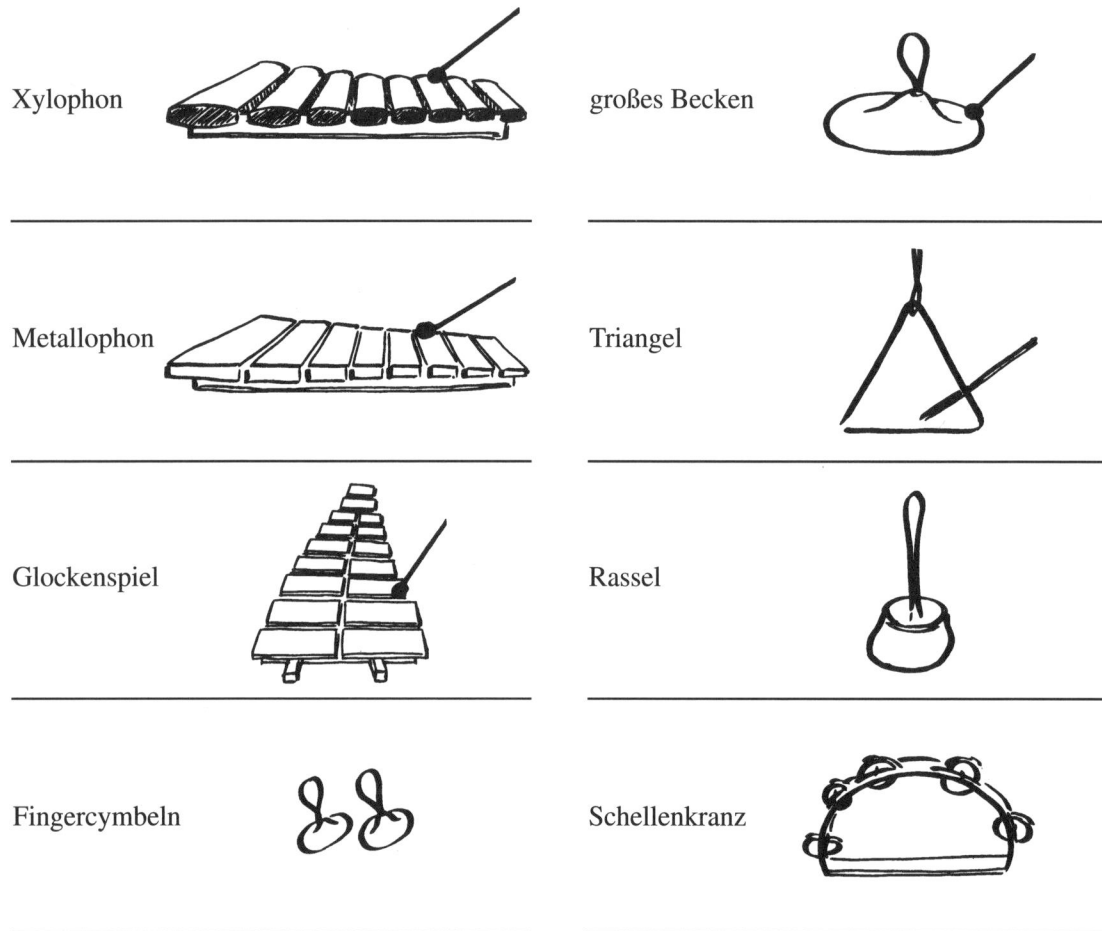

Xylophon

großes Becken

Metallophon

Triangel

Glockenspiel

Rassel

Fingercymbeln

Schellenkranz

Schellentrommel	Stielkastagnetten
Holzblocktrommel	Klanghölzer
Wooden Agogo	Handtrommel
Röhrentrommel	Pauken
Flöte	Bongo

Spiele mit Steinen

Begriffsbildung: hart, rund, schwer
Vertiefung: Spruchbegleitung mit Steinen

– Erfassen eines Gegenstandes durch Betasten, Sehen, Hören
– Die Eigenschaften der Steine (hart, rund) ganzkörperlich erfahren
– Steine als klangerzeugendes Material kennenlernen
– „Steinklänge" einem Spruch zuordnen
– Auf akustische Signale reagieren

Steine in verschiedenen Größen (die Anzahl der Steine sollte größer als die Zahl der Kinder sein.) Eine Blockflöte, kleiner Teppich oder Tuch.

Begrüßungsspiel

Sitzkreis am Boden. Zwei Steine werden in die Mitte des Kreises gelegt. Jedes Kind darf mit den Steinen seinen Namen klopfen: Die beiden Steine werden im Rhythmus des Namens aneinandergeschlagen.

Einkreisen des Themas

Viele verschiedene Steine werden in die Mitte des Kreises gelegt (auf den kleinen Teppich). Jedes Kind darf sich der Reihe nach einen Stein aussuchen. Wir betrachten, betasten und besprechen die Eigenschaften der Steine (rund, spitz, kalt, hart, glitzernd ...). Jedes Kind legt nun seinen Stein an einem Platz im Raum.

Lockerungsspiel

Freies Bewegen im ganzen Raum. Auf mein akustisches Signal (zwei Steine klopfen gegeneinander) versucht jedes Kind, seinen Stein ganzkörperlich darzustellen.
– Ich spiele auf der Blockflöte, während sich die Kinder bewegen;
  stoppt das Flötenspiel, setzt sich jedes Kind zu seinem Stein.
– Ich versuche, die Flötenmelodie immer langsamer zu spielen. Die Kinder versuchen, am Schluß der Melodie bei ihrem Stein anzukommen.

Erfassen einer komplexen Situation

Alle Kinder setzen sich mit ihren Steinen zum Kreis. Wir betrachten und betasten unseren Stein noch einmal ganz genau und geben ihn nach rechts im Kreis weiter, so lange, bis wir unseren Stein wieder erhalten. Ältere Kinder versuchen dabei, die Augen zu schließen und „ihren Stein" zu ertasten.

Paarspiele: Jedes Kind sucht einen Freund. Wir versuchen, mit unseren Steinen (zwei Stück) Geräusche zu erzeugen (klopfen, reiben, rollen, schütteln ...)

Ordnen der Steine in „Tonhöhen": Wir gehen mit unserem Stein im Raum spazieren und klopfen auf die Steine der anderen Kinder: *„Wie klingt dein Stein?"*

Es werden drei Gruppen gebildet:

kleine Steine   – hohe Töne
mittlere Steine   – mittlere Töne
große Steine   – tiefe, dumpfe Töne

Vertiefung

Spruchbegleitung mit den Steinen.

Die Steine, die Steine,	– Begleitung mit großen Steinen (klopfen)
die rollen hin und her.	– Rollen der mittelgroßen Steine
Klipperklapper, klipperklapp!	– Klopfen der kleinen Steine
Das Wasser sprudelt sehr.	– Alle Steine gegeneinander reiben

– Die Steine liegen auf dem Boden (die Steingruppen bleiben bestehen). Der Spruch wird von mir vorgesprochen und von den Kindern wiederholt.
– Jedes Kind nimmt „seinen" Stein, und wir begleiten den Spruch mit den Steinen.

Weiterführung: Die Steinbegleitung kann auch ohne Text ausgeführt werden.

Ausklang

Wir bauen aus den Steinen ein Schloß.

Mit älteren Kindern: Es werden noch mehr Steine ausgeteilt. Die Kinder bilden Gruppen zu viert. Jede Gruppe baut eine Skulptur (Brunnen, Schloß, Brücke ...). Diese Skulptur kann nun mit elementaren Instrumenten vertont werden (z.B. Wassermusik ...).

14

Spiele mit Seifenblasen

Begriffsbildung: leicht, schwebend, durchsichtig
Vertiefung: Gedicht „Ich blase Seifenblasen hoch"
               Tanz der Seifenblasen

– Kennenlernen der Seifenblasen
– Das Leichte, Schwebende ganzkörperlich ausdrücken können
– Die Bewegungen einer Seifenblase mit Gesten und Instrumentalspiel begleiten
– Schulung der Reaktionsfähigkeit
– Von einer individuellen Lösung zu einer Gruppenlösung finden (Tanz)

Lernziele

Für jedes Kind eine Seifenblasendose
Kassette: Schleierfischtanz aus „Karneval der Tiere" von Camille Saint-Saëns
Fingercymbeln, Glockenspiel zum Begleiten des Gedichts

Material

Begrüßungsspiel
Sitzkreis am Boden. Ich blase jedem Kind von rückwärts in die Haare – wir spüren Luft – ich begrüße die Kinder.

Einkreisen des Themas
Ich blase Seifenblasen in die Luft. Wir betrachten sie und besprechen ihre Eigenschaften – leicht, durchsichtig, schwebend, sie zerplatzen, schillern, schweben lautlos ...

Lockerungsspiel
Ich blase Seifenblasen in die Luft, die Kinder versuchen, sie zu fangen.

Erfassen einer komplexen Situation
Ich blase Seifenblasen in die Luft.

– Die Kinder suchen sich je eine aus und versuchen, gleichzeitig mit ihr zu Boden sinken.
– Sitzkreis: Jedes Kind sucht sich eine Seifenblase aus. Wenn sie fliegt, bewegt das Kind die Arme, zerplatzt sie, wird geklatscht.
– Wir versuchen, die Seifenblasen auf den Körper gleiten zu lassen (Hand,

Schulter, Finger ...). Vielleicht zerplatzt sie nicht, und wir gehen mit ihr spazieren.
- Wir versuchen, die Seifenblasen durch Blasen in der Luft zu halten.
- Ich blase eine Seifenblase in die Luft, ein Kind begleitet sie mit den Fingercymbeln, bis sie zerplatzt.

Vertiefung
Gedicht: „Ich blase Seifenblasen hoch in die Luft ...“
oder *Tanz der Seifenblasen.*

Ausklang
Jedes Kind bekommt eine Seifenblasendose und versucht, selbst Seifenblasen zu erzeugen (eventuell im Freien).

Gedicht

Ich blase Seifenblasen hoch in die Luft.	Glockenspiel (glissando)
Sie tanzen und schweben, wie der Wind sie ruft.	Glockenspiel
Sie glitzern vielfarbig, noch in der Höh,	Glockenspiel
ich wink ihnen zu, solang ich sie seh.	Glockenspiel (glissando)

Tanz der Seifenblasen
Musik: „Schleierfischtanz“ oder zarte Gitarrenbegleitung (Akkorde gezupft).
Die Kinder stellen Seifenblasen dar und stellen sich frei im Raum auf.
1. Teil: Freies „Schweben“ im Raum.
2. Teil: Die „Seifenblasen“ bilden drei Kreise und laufen in Kreisrichtung.
3. Teil: Freies „Schweben“ im Raum.
4. Teil: Ein großer Kreis wird gebildet. Die Seifenblasen drehen sich und sinken zu Boden.

Spiele mit Tastkärtchen

Begriffsbildung: rauh, glatt, weich, wellig, stachelig
Vertiefung: Klanggeschichte „Mutzi im Zoo"

– Oberflächenstrukturen in Klänge übertragen
– Raumwege im Gedächtnis behalten und nachvollziehen
– Reagieren auf visuelle und akustische Signale

Fünf Tastkärtchen (auf Karton geklebt) aus folgendem Material:
Schleifpapier – rauh
Plastikfolie – glatt
Wellpappe – wellig
Fellstück – weich
Kastanie – stachelig
Elementare Instrumente:
Rassel, Holzblocktrommel, Fingercymbeln, Klangstäbe, Xylophon, Becken.
Fünf Rhythmiktücher

Begrüßungsspiel
Ich streichle den Kindern entweder mit einem Stück Fell oder mit einem Stück Schleifpapier über die Hände und begrüße sie.

Einkreisen des Themas
Wir besprechen die unterschiedlichen Eigenschaften des Fellstücks und des Schleifpapiers (weich – rauh).
– Im Kreis liegen die 5 Tastkärtchen, mit den Rhythmiktüchern zugedeckt. Jedes Kind darf unter ein Tuch greifen und tasten, welche Oberflächenstruktur es spürt.
– Die Tücher werden abgedeckt und die Eigenschaften der Tastkärtchen besprochen: glatt, rauh, wellig, stachelig, weich.
– Gespräch: Welche Gegenstände mit diesen Eigenschaften kennst du? Welche befinden sich im Raum?
  Z.B. Fenster – glatt, Heizkörper – wellig, Teppichboden – rauh, Polster – weich, Kastanie – stachelig.

Lockerungsspiel

Ich nenne den Begriff „rauh", alle Kinder liegen auf dem Teppichboden; ich nenne den Begriff „glatt", alle Kinder laufen zum Fenster.

Erfassen einer komplexen Situation

Sitzkreis: Instrumente werden im Kreis aufgelegt und vorgespielt. Welches Instrument klingt glatt, rauh, wellig, stachelig, weich?

Die Kinder versuchen nun *mit meiner Hilfe,* die Instrumente den Tastkärtchen zuzuordnen:

z.B. rauh – Rassel, glatt – Fingercymbeln, stachelig – Holzblocktrommel, weich – Klangstäbe mit weichem Schlegel, wellig – Xylophon (glissando)

Die Tastkärtchen werden nun im Raum aufgelegt.

Spiele ich mit einem Instrument, laufen alle Kinder zu dem passenden Tastkärtchen.

– Die Instrumente werden an die Kinder übergeben. Ein Kind geht von einem Tastkärtchen zum anderen. Das Kind mit dem passenden Instrument spielt dazu. Öfters wiederholen.

– Ich spiele nun drei Instrumente nacheinander, z.B. Rassel, Holzblocktrommel, Klangstab; ein Kind geht nun den vorgegebenen „Klangweg", rauh – stachelig – weich.

– Ich gehe zu drei verschiedenen Kärtchen: wellig – glatt – weich. Ein Kind merkt sich diese Reihenfolge und spielt sie auf den passenden Instrumenten nach. Xylophon (glissando) – Fingercymbeln – Klangstäbe. Öfters wiederholen.

Vertiefung

Welche Tiere kennst du, die eine weiche, glatte, wellige, stachelige oder rauhe Oberfläche (Haut) haben?

weich	– Katze	– Klangstäbe
glatt	– Schlange	– Fingercymbeln
rauh	– Elefant	– Rassel
wellig	– Krokodil	– Xylophon (glissando)
stachelig	– Igel	– Holzblocktrommel

Klanggeschichte „Mutzi im Zoo"

Ausklang
Wenn ich auf den Klangstäben spiele, bewegen sich alle Kinder wie Katzen, Rassel – Elefanten, Holzblocktrommel – Igel usw.

Mutzi im Zoo

Eine Klanggeschichte

Es war einmal eine Katze,
die hatte ein sehr weiches Fell.   *Klangstäbe*
Sie hieß Mutzi.
Mutzi wollte auch andere Tiere kennenlernen,
und so ging sie in den Zoo.   *Klangstäbe*
Auf dem Weg dahin begegnete ihr ein Tier
mit vielen Stacheln.   *Holzblocktrommel*
Mutzi fragte: „Wer bist denn du?"
Das stachelige Tier sagte: „Ich bin ein Igel",
rollte sich ein und zeigte seine Stacheln.   *Holzblocktrommel*
Mutzi lief weiter.   *Klangstäbe*
Sie kam zum Zoo. Dort sah sie ein großes,
graues Tier mit einer rauhen Haut   *Rassel*
und einem langen Rüssel. Mutzi fragte: „Wie heißt du?"
„Ich bin ein Elefant", trompetete das graue,
rauhe Rüsseltier und stampfte.   *Trommel*
Sie lief schnell weiter und kam zu einem langen,
geschlängelten Tier mit glatter Haut.   *Fingercymbeln*
Mutzi fragte: „Wer bist du?"
Da zischte das Tier: „Ich bin eine Riesenschlange!"
und bewegte sich langsam auf Mutzi zu.   *Rassel*
„Danke", miaute Mutzi und lief schnell weiter.   *Klangstäbe*
Sie kam zu einem Tier mit welliger und schuppiger Haut,
das sich am Ufer eines Teiches sonnte.   *Xylophon (glissando)*

Mutzi fragte: „Wie heißt du?"
Das Tier öffnete sein großes Maul,
damit man die vielen spitzen Zähne sehen konnte,
und gähnte: „Ich bin ein Krokodil!"   *Becken*
Als Mutzi das hörte, lief sie,
so schnell sie konnte, nach Hause,   *Klangstäbe*
legte sich auf ihr Kissen und träumte
von ihrem aufregenden Ausflug.

Spiele mit bunten Tüchern

Begriffsbildung: Schulung der Grundfarben
Übungen zur Verkehrserziehung
Vertiefung: Lied mit Instrumentenbegleitung

– Vertiefung der Grundfarben rot, grün, blau, gelb
– Auf visuelle Signale spontan reagieren
– Zuordnen der Farben zu Bewegungsideen
– Zuordnen der Farben zu elementaren Instrumenten.
– Vertiefung der Farben anhand eines Liedes

Für jedes Kind ein Tuch, einige elementare Instrumente (Trommel, Fingercymbeln, Rassel, Holzblocktrommel)

Begrüßungsspiel
Ein „Tuchkasperl" wird vor den Kindern hergestellt:
Dazu wird ein Tuch verknotet. Der Knoten stellt den Kopf dar, mit dem der
Kasperl nun die Kinder begrüßt und verschiedene farbige Tücher austeilt
(rote, gelbe, grüne, blaue). Jedes Kind bekommt ein Tuch.

Einkreisen des Themas
Gespräch über die Tücher: Farbe, Form, Material.
Welche Gegenstände im Raum haben die Farben rot, grün, blau, gelb ...?
Welche Gegenstände in der Natur haben solche Farben?

Lockerungsspiel
Wenn ich das Tuch mit der gelben Farbe hochhalte, laufen alle Kinder,
die ein gelbes Tuch besitzen usw.

Erfassen einer komplexen Situation
Die Kinder finden *Spielideen* mit den Tüchern.
Z. B.: tragen auf verschiedenen Körperteilen, werfen und fangen, blasen,
flattern lassen ...
Vorschläge der Kinder werden *aufgegriffen* und von allen *wiederholt*.

Ich lege drei Tücher in die Mitte des Kreises. Gespräch über die Farben der Tücher: rot – gelb – grün. Welche Gegenstände kennst du, die diese drei Farben haben? (Verkehrsampel)

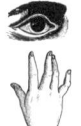 *Bewegungsspiel:* Freies Bewegen im Raum,
hebe ich das grüne Tuch – gehen alle Kinder,
hebe ich das gelbe Tuch – bleiben alle Kinder so schnell wie möglich stehen,
hebe ich das rote Tuch – stehen alle Kinder.

Gespräch im Sitzkreis: Was bedeuten die drei Farben der Ampel?
Bewegungsspiel mit drei Farben, wobei ich jeweils ein Tuch hochhalte: grün – gehen, gelb – Achtung – stehen, rot – stehen.

Das blaue Tuch wird wieder zu den anderen Tüchern in den Kreis gelegt.
Wir suchen nun zu jeder Farbe der Tücher eine Bewegung, z.B.: rot – schauen, grün – laufen, blau – auf Zehenspitzen gehen, gelb – drehen.

 Den Farben der Tücher werden nun Instrumente zugeordnet.
Z.B.: rot   –   schauen   – Holzblocktrommel
      grün –   laufen   – Trommel
      blau –   auf Zehenspitzen gehen – Fingercymbeln
      gelb –   drehen   – Rassel
Bewegungsbegleitung mit Instrumenten und Farben

Vertiefung
Einführung des *Liedes:* „Rot, rot, rot ist meine Lieblingsfarbe" nach der bekannten Melodie von: „Rot, rot, rot sind alle meine Kleider" (Volkslied)

Rot, rot, rot ist meine Lieblingsfarbe,
rot, rot, rot ist alles, was ich hab',
darum lieb ich alles, was so rot ist,
weil rot meine Lieblingsfarbe ist.

Begleitung mit Klanggesten und Schlagwerkinstrumenten:

Rot, rot, rot	*gehen*	*Holzblocktrommel*
darum lieb ich ...	*klatschen*	
grün, grün, grün	*hüpfen*	*Trommel*
darum lieb ich ...	*klatschen*	
blau, blau, blau	*auf Zehenspitzen gehen*	*Fingercymbeln*
darum lieb ich ...	*klatschen*	
gelb, gelb, gelb	*drehen*	*Rassel*
darum lieb ich ...	*klatschen*	

Ausklang
Wir legen mit den Tüchern ein großes Muster.

Spiele mit Luftballons

Begriffsbildung: rund, leicht, schwebend
Vertiefung: Klanggeschichte „Luftikus auf Entdeckungsreise"

Lernziele
- Eigenschaften des Materials kennenlernen
- Impulse des Instrumentenspiels aufnehmen und in die Bewegung
  des Materials umsetzen können
- Bewegungsphantasien entwickeln
- Taktile Eindrücke spielerisch verarbeiten können

Material Für jedes Kind einen Luftballon, Fingercymbeln, Glockenspiel. Ruhige Kassettenmusik, ein Ballon mit Gesicht. Instrumente zur Geschichtenbegleitung: Xylophon, Glockenspiel, Metallophon, Kastagnetten, Trommel und Fingercymbeln.

Begrüßungsspiel

Der Ballon mit dem Gesicht fliegt von einem Kind zum anderen und begrüßt es. („Ich heiße Luftikus, wie heißt du?")

Einkreisen des Themas

Wir betrachten und besprechen die Eigenschaften des Luftballons (bunt, leicht, mit Luft gefüllt, rund ...)

Lockerungsspiel

„Luftikus" zeigt Bewegungsmöglichkeiten, die Kinder versuchen, diese Bewegungen nachzumachen. (Schweben, leicht und langsam zu Boden gleiten, leicht hüpfen ...)

Erfassen einer komplexen Situation

Jedes Kind, zu dem „Luftikus" fliegt, darf sich einen schon aufgeblasenen Ballon holen. Freies Bewegungsspiel mit den Luftballons.
Vorschläge der Kinder werden aufgegriffen und von allen wiederholt, z.B.: den Ballon mit verschiedenen Körperteilen in die Luft werfen (Handflächen, Handrücken, Kopf, Ellenbogen, Knie, Zehenspitzen ...).

- Ich setze mit meinem Fingercymbelspiel Akzente zur Bewegungsbegleitung der Ballone. (Bei jedem Ton wird der Ballon angetippt und leicht mit der Hand in die Höhe geworfen.) Zuerst versucht es *ein Kind*, später *alle* gemeinsam.
- Wir versuchen, den Luftballon zu umarmen (der ganze Körper wird rund).
- Die Kinder werfen den Ballon in die Luft und versuchen, gleichzeitig mit dem Ballon zu Boden zu kommen. (Ich begleite das Fliegen des Ballons mit dem Glockenspiel). Zuerst bei *einem Kind*, später *alle* gemeinsam.
- Alle Kinder blasen die Luftballons in eine Ecke des Raumes.

Vertiefung
Klanggeschichte: „Luftikus auf Entdeckungsreise"

Ausklang
Zur ruhigen Kassettenmusik dürfen sich die Kinder frei bewegen. Stoppt die Musik, geht jeweils ein Kind aus dem Raum.

Luftikus auf Entdeckungsreise

Eine Klanggeschichte

Auf einem Rummelplatz steht ein Luftballonverkäufer.	
Er hat viele Luftballons. Rote, blaue, bunte und glitzernde.	
Er gibt jedem Ballon einen Namen. Den roten	
Luftballon mit der großen Nase nennt er „LUFTIKUS".	
Luftikus fühlt sich unter den anderen Ballons	
nicht wohl. Sie schubsen ihn hin und her.	*Xylophon (glissando)*
Er will höher steigen und zieht an seiner Schnur.	
Plötzlich löst sich der Knoten, und Luftikus ist frei.	*Xylophon*
Er fliegt hoch in die Luft.	*Glockenspiel*
Viele Dinge sieht er von oben.	
Das große Riesenrad wird ganz klein.	

Und von weitem hört er noch die Glocke des Karussells.   *Triangel*

Luftikus fliegt weiter.   *Glockenspiel (glissando)*

Er fliegt über ein Feld und sieht

wie sich das Getreide im Wind bewegt.   *Metallophon (glissando)*

Der Wind treibt ihn über einen kleinen Teich.

Viele Enten laufen zum Wasser,   *Kastagnetten*

um sich abzukühlen, und Schwäne

gleiten majestätisch übers Wasser.   *Trommel (gerieben)*

Luftikus steigt höher und höher.   *Glockenspiel (glissando)*

Die Sonnenstrahlen werden immer stechender.   *Fingercymbeln*

Ihm wird sehr warm, und müde schläft er ein.

Der Wind treibt Luftikus weiter.   *Glockenspiel (glissando)*

Luftikus verliert Gas und wird kleiner und kleiner.

Schließlich landet er auf einer Wiese.   *Glockenspiel*

Da liegt er nun ganz verschrumpelt!

Was wird mit Luftikus nun geschehen?

(Die Kinder sollen selbst einen Schluß finden.)

Spiele mit Nüssen

Begriffsbildung: hart, rund
Vertiefung: Spruchbegleitung mit Walnüssen

Lernziele

– Kennenlernen verschiedener Nußarten
– Schulung des Tastsinns auf lustbetonte Weise
– Erfassen eines Gegenstandes mit allen Sinnen (tasten, sehen, hören schmecken)
– Übertragen eines Zustandes (hart, rund) auf den eigenen Körper
– Nüsse als klangerzeugendes Material erfahren
– Nußklang einem Spruch zuordnen

Walnüsse, Haselnüsse, Mandeln, Paranüsse, Nußknacker, Holzblocktrommel

Material

Begrüßungsspiel

Die Kinder sitzen im Kreis. Ein Stoffbeutel mit verschiedenen Nüssen wird herumgereicht. Die Kinder ertasten den Inhalt, ohne zu sagen, was sie spüren (Schulung des Tastsinns, soziale Übung).

Einkreisen des Themas

Wir betrachten und benennen die Nüsse, stellen Eigenschaften und Unterschiede fest (hart, rund).

Lockerungsspiel

Freies Bewegen im Raum. Auf mein akustisches Signal (Holzblocktrommel), stellen alle Kinder Walnüsse dar (rund – hart). Ich versuche nun, die „Körpernüsse zu knacken" indem ich jedes Kind aufhebe, um seine Spannung zu lösen.

Erfassen einer komplexen Situation

Jedes Kind bekommt zwei Walnüsse. Wir versuchen eine *„Nußmusik"*.
Die Einfälle der Kinder werden vorgezeigt und von allen nachvollzogen.
(Klappern, reiben, rollen, schütteln ...)
Womit werden die Nüsse geknackt?
Der Spruch „Nußknacker heiß ich" wird mit dem Nußknacker eingeführt.

Vertiefung

Nußklänge werden dem Spruch zugeordnet (Vorschläge der Kinder aufgreifen). Der Text wird nun mit der „Nußmusik" begleitet.

Nußknacker heiß ich,	Nüsse auf den Boden klopfen
die Nüsse zerbeiß ich:	
knick, knack	Nüsse gegeneinander klopfen
und knick, knack,	
Die Schale ist ab!	Nüsse aneinander reiben

Ausklang

Der Nußknacker knackt nun mit Hilfe des Spruches die Nüsse, und jedes Kind darf kosten.

Spiele mit Schuhen, Riesen und Zwergen

Begriffsbildung: groß – klein
Vertiefung: Klanggedicht „Der Riese Trampeltu"

– Den Unterschied von großen und kleinen Menschen, Tieren und Dingen kennenlernen
– Visuelle Eindrücke hörbar machen
– Visuelle Eindrücke in Bewegung umsetzen
– Auf akustische Signale spontan reagieren
– Grenzen erkennen und einhalten können

Lernziele

Ein großer und ein kleiner Schuh, eine Trommel, mehrere Klanghölzer, ein Seil.
Instrumente zur Spruchbegleitung: Schellenkranz, Trommel, Klanghölzer.

Material

Begrüßungsspiel
Ich begrüße die Kinder, indem ich die Namen der Kinder mit dem großen oder mit dem kleinen Schuh auf den Boden klopfe.

Einkreisen des Themas
Unterschiede der Schuhe werden besprochen (groß – klein). „Welche kleine und große Menschen, Tiere und Dinge kennst du?"

Lockerungsspiel
Freies Bewegen im Raum. Wenn ich den kleinen Schuh zeige – machen sich alle Kinder klein. Wenn ich den großen Schuh zeige – machen sich die Kinder groß.

Erfassen einer komplexen Situation
Eine Trommel und ein paar Klanghölzer werden aufgelegt, besprochen und den Bewegungen zugeordnet.

Bewegungsbegleitung: Ich spiele mit den Klanghölzern, alle Kinder machen kleine Schritte; beim Spiel der Trommel große Schritte.
Bewegungsbegleitung umgekehrt: Ein Kind bewegt sich – abwechselnd mit großen oder kleinen Schritten – ein anderes Kind spielt dazu das richtige Instrument.

Der Bewegungsraum wird mit einem langen Seil in zwei Teile geteilt. In einem Teil liegt der große Schuh, im anderen Teil der kleine Schuh. Spiele ich die Trommel, gehen alle Kinder mit *großen Schritten* in dem Teil vom *großen Schuh*. Klanghölzer bedeuten: kleiner Schuh – kleine Schritte.

Vertiefung
Klanggedicht „Der Riese Trampeltu"

Ausklang
Wenn ich auf der Trommel spiele, geht ein Kind mit großen Schritten aus dem Raum – spiele ich mit Klanghölzern, macht es kleine Schritte.

Der Riese Trampeltu

Ein Klanggedicht

	Klanggesten	Schlagwerkbegleitung
Liebe Kinder, hört gut zu:		
war einst der Riese Trampeltu.		
Trampeltu, der große Mann,		
Riesenschritte machen kann.	*stampfen*	*Trommel*
Liebe Kinder, hört gut zu:		
war einst das Zwerglein Trippeltrippeltu		
Trippeltrippeltu, der kleine Mann,		
nur Zwergenschritte machen kann.	*trippeln*	*Klanghölzer*
Sie sind lustig immerzu,	*klatschen*	*Schellenkranz*
stampfen und trippeln	*einige Kinder stampfen*	*Trommeln und Klang-*
ohne Ruh.	*einige Kinder trippeln*	*hölzer gleichzeitig*
Sie sind lustig immerzu,	*klatschen*	*Schellenkranz*
und nun stampf	*einige Kinder stampfen*	*Trommeln und Klang-*
und tripple auch du!	*einige Kinder trippeln*	*hölzer gleichzeitig*

30

Spiele mit Holzkugeln und Reifen

Begriffsbildung: rund, hart, schwer
Vertiefung: Spruch „Die Kugeln im Reifen"

Lernziele

– Auf ein akustisches Signal spontan reagieren können
– Bewegungsphantasien entwickeln
– Auf einen Partner eingehen
– Schulung der Geschicklichkeit, Kraft dosieren lernen

Eine bunte Holzkugel und einen Reifen für jedes Kind, Flöte

Material

Begrüßungsspiel
Im Sitzkreis: Namensspiel mit einer Holzkugel
„Ich rolle die Kugel zu Susi!" usw.

Einkreisen des Themas
Eigenschaften der Kugel werden besprochen: klein, rund, hart, aus Holz, schwer, springt nicht, macht beim Rollen ein Geräusch ...

Lockerungsspiel
Weiterführung des Namenspiels: Zu wem die Kugel rollt, der darf sich eine weitere aus dem Korb nehmen. Freies Spiel mit den Kugeln. Übungen der Kinder werden aufgegriffen und von allen wiederholt, z.B.:
tragen: auf verschiedenen Körperteilen tragen (balancieren),
rollen: mit verschiedenen Körperteilen rollen.
Mit der Hand rollen und gleich schnell wie die Kugel *mitlaufen*. Dann die Kugel *überholen* und stoppen.

Erfassen einer komplexen Situation
Reifen werden aufgelegt, jedes Kind setzt sich zu einem Reifen. Übungen mit Kugeln und Reifen ausprobieren.
Die Kugel im Reifen rollen, ohne sie aufzuhalten: den Reifen also entsprechend weiterschieben.

Die Kugel rollt, so lange die Flöte spielt. Stoppt das Flötenspiel, stoppt auch die Kugel (unterschiedlich lange Tempi verwenden).
Das Rollen der Kugel wird mit der Stimme begleitet (Atemübung).
Die Kugel mit dem Reifen durch den Raum rollen. (Sie darf nicht verloren gehen!)

Vertiefung

Die Kugeln im Reifen,
die rollen hin und her,
rundherum und rundherum,
rumzukugeln ist nicht schwer.

Den Spruch mit den entsprechenden Bewegungen der Kugeln ausführen. Natürlich dürfen auch die Kinder auf Turnmatten „rumkugeln".

Ausklang

Wir legen ein Muster mit Kugeln und Reifen.

Spiele mit Kastanien

Begriffsbildung: rund, hart, glänzend
Vertiefung: Klanggeschichte „Ein Kastanienbaum entsteht"

– Finden von Bewegungsmöglichkeiten mit den Kastanien
– Die Entwicklung der Frucht Kastanie kennenlernen
– Förderung der Geschicklichkeit
– Schulung des Tastsinnes
– Förderung der Orientierung im Raum

Kastanien
Instrumente zur Geschichtenbegleitung: Fingercymbeln, Trommel, Kastagnetten, Glocken-spiel, Rassel.

Begrüßungsspiel
Jedes Kind klatscht seinen Namen (im Silbentakt sprechen und klatschen).

Einkreisen des Themas
Ein Stoffbeutel mit Kastanien wird herumgereicht und betastet. Wir verraten nicht, was wir spüren! Nicht nur eine Tastübung, sondern auch eine Übung zum Warten-Können.
Wir betrachten einige Kastanien und stellen deren Eigenschaften fest (hart, glän-zend, glatt ...).

Lockerungsspiel
Freies Bewegen im Raum. Auf mein akustisches Signal (zwei Kastanien werden gegeneinander geklopft) stellen alle Kinder ganzkörperlich Kastanien dar (Span-nungsübung: rund – hart).

Erfassen einer komplexen Situation
Jedes Kind holt sich aus dem Stoffbeutel eine Kastanie.
Finden von Bewegungsideen mit den Kastanien, z. B.:
– tragen auf verschiedenen Körperteilen
– rollen mit verschiedenen Körperteilen

- – werfen und fangen
- – Kastanien werden im Kreis weitergegeben, ohne daß eine zu Boden fällt!
- – alle Kastanien liegen im Raum, Raumwege zwischen den Kastanien suchen.

Bewegungsvorschläge der Kinder werden aufgegriffen und von allen wiederholt.

Vertiefung

Alle Kinder rollen die Kastanien in eine Ecke des Raumes.
Klanggeschichte: „Ein Kastanienbaum entsteht"

Ausklang

Freies Bewegen im Raum. Auf mein akustisches Signal holt sich ein Kind nach dem anderen eine Kastanie und geht aus dem Raum.

Ein Kastanienbaum entsteht

Eine Klanggeschichte

Es ist Herbst.	
Auf einem Kastanienbaum wachsen viele Kastanien.	
Eine Kastanie mit vielen Stacheln fällt zu Boden.	*Trommel*
Ihre Schale platzt, und eine braune Kugel rollt in eine Erdspalte.	*Trommel*
Es regnet,	*Rassel*
die Kastanie wird naß.	
Es schneit,	*Fingercymbeln*
der Schnee deckt die Kastanie zu.	
Im Frühling taut der Schnee,	
und die warmen Sonnenstrahlen wecken die Kastanie.	
Sie reckt und streckt sich.	*Kastagnetten*
Plötzlich sieht man aus der Erdspalte	
ein kleines grünes Blatt wachsen.	
Es ist ein Kastanientrieb.	

34

Viele Blätter wachsen nach.
Jahre später hat sich aus der kleinen braunen Kugel
ein Kastanienbaum entwickelt.
Als er das erste Mal blüht,
fliegen viele Bienen zu ihm hin.   *Glockenspiel*
Im Herbst hängen viele grüne,
stachelige Kastanien auf dem Baum.
In jeder Kastanie befindet sich wieder eine braune Kugel ...
Wie geht die Geschichte weiter?

Spiele mit Stäben und Reifen

Begriffsbildung: rund – gerade
Vertiefung: Geschichte zum Darstellen
                     „Vom Bleistift und dem Radiergummi"

Lernziele
- Gegensatzbegriffe „rund" – „gerade" am Material und ganzkörperlich erfahren
- Bewegungsideen mit dem Material und einem Partner finden und ausführen können
- Schulung der Körperbeherrschung (balancieren)
- Visuelle Eindrücke ganzkörperlich umsetzen können
- Unterschiedliche Formen der Gegenstände erkennen
- Klänge („runder Klang" – „gerader Klang") in Bewegung umsetzen können

Material
Reifen und Stäbe für alle Kinder, ein Reifen mit Gesicht, ein Stab mit Gesicht, eine Handtrommel, Flöte. Ein großes Blatt Papier, Bleistift, Radiergummi.

Begrüßungsspiel

Der runde Didi (Reifen mit Gesicht) und die gerade Lotti (Stab mit Gesicht) begrüßen die Kinder.

Einkreisen des Themas
Wir betrachten „Didi" und „Lotti" und sprechen über die Unterschiede.

Lockerungsspiel

Die Instrumente werden aufgelegt und den beiden zugeordnet (*Stab Lotti – Flöte, Reifen Didi – Trommel*). Spiele ich auf der *Trommel (reiben),* gehen alle Kinder *runde Wege,* spiele ich auf der *Flöte* (einen langen Ton), gehen alle Kinder *gerade Wege.*

Freies Bewegen im Raum. Spiele ich mit der *Trommel,* versuchen die Kinder, die Form *rund* ganzkörperlich darzustellen. Spiele ich mit der *Flöte,* ganzkörperlich *gerade.*

Erfassen einer komplexen Situation

Sitzkreis: Ein Kind nach dem anderen spielt auf einem der beiden Instrumente (z.B. Flöte) und sucht sich dazu das passende Material (z.B. Stab).

(Reifen, Stäbe und Instrumente liegen in der Mitte des Kreises.)
- Freies Spiel mit dem Material.
- Bewegungsvorschläge der Kinder werden aufgegriffen und von den übrigen mit demselben Material wiederholt, z.B.

Übungen mit Reifen, Reifen liegend:
- darauf balancieren, hinein- und herausspringen, herumlaufen, hüpfen, krabbeln mit Richtungswechsel ...

Reifen rollend:
- rollen und mitlaufen, vor- und rückwärts, rollen mit der rechten und mit der linken Hand, durchspringen, den Reifen umkreisen ...

Übungen mit den Stäben:
rollen, tragen, schieben, darüberspringen, als Steckenpferd benutzen ...

Spiele ich mit der Trommel, dürfen alle Kinder mit Reifen Übungen probieren, die Stabkinder schauen zu – und umgekehrt: Wenn die Flöte erklingt, machen alle Kinder mit Stäben Bewegungen.

Partnerspiel: Ein Kind mit einem Reifen sucht sich einen Partner oder eine Partnerin mit einem Stab.

Wir probieren Partnerübungen. Vorschläge der Kinder werden aufgegriffen und von allen wiederholt. Beispiele:

- Den Stab in den Reifen legen, durchspringen.
- Ein Kind steht im Reifen und hält den Stab. Das andere Kind läuft unten durch.
- Den Stab auf dem Reifen balancieren.

Dann werden Stäbe und Reifen zur Seite gelegt.

Vertiefung

Geschichte zum Darstellen: „Vom Bleistift und dem Radiergummi" oder
Bewegungsspiel mit Stäben und Reifen:
Spiele ich mit der Flöte eine Melodie, bewegen sich alle Kinder mit den Stäben (eventuell Tanzform finden).
Spiele ich auf den Pauken (Trommel), bewegen sich alle Kinder mit den Reifen (eventuell Tanzform finden).

Ausklang

Wir legen mit den Stäben und Reifen ein großes Muster.

Vom Bleistift und dem Radiergummi

Eine Geschichte, die man spielen kann

Auf dem Tisch liegt ein großes weißes Zeichenblatt.
Das sieht ein Bleistift, und er fängt sofort an, darauf zu zeichnen.

Er zeichnet gerade Striche ▬▬ Kreise ◯

Wellenlinien ∿∿∿ und Spiralen. ◉

Neben dem Blatt Papier liegt ein Radiergummi. „Hallo du! Willst du mit mir spielen?" fragt der Bleistift. Dem Radiergummi ist es ohnehin sehr langweilig, immer am selben Platz liegen zu müssen, und so spielt er gern mit.

Der Bleistift zeichnet einen Strich, ▬▬

der Radiergummi radiert ihn aus. ▬ ▬ ▬ ▬

Der Bleistift zeichnet Wellenlinien, ∿∿∿

der Radiergummi löscht sie aus. ⸳⸳˓⸳˓⸳˓⸳

Da malt der Bleistift einen schönen großen Kreis aufs Papier. ◯

Der Radiergummi bemüht sich, auch den großen Kreis wegzuwischen. ⟋⟍

Nun tanzt der Bleistift eine wunderschöne Pirouette aufs Blatt. ◉

Der Radiergummi radiert und radiert, daß ihm ganz schwindlig wird.

„Noch einmal!" ruft der Bleistift und setzt von neuem zu einer Spirale an. Aber knacks – da bricht die Mine des Bleistifts ab! Das Spiel ist zu Ende. Wie könnte es weitergehen?

38

So kann man die Geschichte darstellen. Dabei geht es um *führen* und *folgen*:

Paare werden gebildet. Ein Kind stellt den Bleistift, das andere Kind den Radiergummi dar, der Boden des Bewegungsraums ist das Blatt Papier.

Der „Bleistift" geht ein Stück und bleibt stehen.　━━━━

Der „Radiergummi" versucht,
diesen Strich durch Nachgehen auszulöschen.　━ ━ ━ ━ ━

Kreis,　◯　Wellenlinie　〰〰〰　und Spirale　◉
werden ebenso „gegangen" und ausgelöscht.
Weiterführung: Der Bleistift und der Radiergummi gehen gleichzeitig.

Spiele mit Gymnastikbällen

Begriffsbildung: „rund" in der Bewegung und am Material erfahren
Vertiefung: Klanggeschichte „Der feuerrote Wasserball"

Lernziele
– Visuelles Erfassen einer Form (rund) im Raum
– Visuelle Eindrücke spontan in Bewegung umsetzen können
– Bewegungsphantasien entwickeln können

Material
Gymnastikbälle, ruhige Kassettenmusik oder Flöte. Instrumente zur Geschichtenbegleitung: Wooden Agogo, Glockenspiel, Holzblocktrommel

Begrüßungsspiel

Namensspiel mit einem Ball. Alle sitzen im Sitzkreis auf dem auf dem Boden. Ein Ball wird zu einem Kind gerollt, dieses nennt seinen Namen und rollt den Ball einem anderem Kind im Kreis zu, dieses sagt ebenfalls, wie es heißt, usw., bis alle Namen der Kinder bekannt sind.
Weiterführung: Ein Kind rollt den Ball einem ihm schon bekannten Kind zu und sagt: „Ich rolle den Ball zu Moni" usw.
Alle Kinder im Kreis sollen in das Spiel miteinbezogen werden.

Einkreisen des Themas
Gespräch: Welche runden Gegenstände befinden sich im Raum?

Lockerungsspiel
Freies Bewegen im Raum.

Auf mein *visuelles* Zeichen (Ball hochheben) laufen alle Kinder im Kreis. Auf mein *akustisches Signal* (Ball prellen) versuchen alle Kinder, Bälle ganzkörperlich darzustellen.

Erfassen einer komplexen Situation
Jedes Kind holt sich einen Ball.

Freies Spielen mit dem Ball. Bewegungsideen der Kinder werden aufgegriffen und von allen wiederholt, z.B. im Sitzen, Liegen, Stehen, Laufen, Kriechen. Der

Ball wird geschoben, geprellt, geworfen, gedreht, gefangen, übersprungen; gerollt mit den Händen, Füßen, Ellenbogen, dem Kopf, der Nase, den Knien, den Fingerspitzen ...

Klatsche ich mit zwei Bällen gegeneinander, sucht jedes Kind einen Freund oder eine Freundin und setzt sich mit dem Partner auf den Boden. Ich sammle nun jeweils einen Ball der Partner ein.

Freies Spiel mit dem Partner und einem Ball. Wieder werden die Bewegungsideen der Kinder von allen wiederholt. Z.B.: Der Ball wird hin und her geworfen, geprellt, gerollt, zwischen den gegrätschten Beinen durchgeschoben, mit dem Rücken gegeneinander hin und her bewegt. Der Abstand der Kinder kann dabei vergrößert und verkleinert werden.

Vertiefung

Entweder die nachfolgende *Klanggeschichte* oder dieses
Spiel zum *Führen und Folgen:*

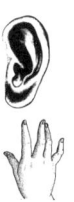

Ein Kind hält den Ball mit beiden Händen, der Partner legt seine Hände auf den Ball. Zu einer ruhigen Musik (Kassette oder Flöte) wird nun der Partner durch den Raum geführt, wenn möglich, mit geschlossenen Augen.

Der feuerrote Wasserball

Eine Klanggeschichte

Es ist Sommer.
Stefan geht mit seinen Eltern an den Waldsee zum Baden.
Er nimmt auch seinen neuen Wasserball mit.   *Wooden Agogo*
Als sie dort ankommen, zieht Stefan seine Badehose an,
bläst seinen roten Wasserball auf – ffffffff –
und spielt mit ihm im Wasser.   *Glockenspiel*
Da ruft Vati vom Ufer her:
„Stefan, gehst du mit uns ein Eis essen"?

Schnell kommt Stefan aus dem Wasser,
legt seinen Ball auf die Decke und geht mit.   *Agogo*
Da kommt ein Windstoß,   *Trommel (gerieben)*
und der Wasserball rollt in den See.
Dort schwimmt er lustig auf den Wellen.   *Glockenspiel*
Einige Fische kommen an die Wasseroberfläche
und stupsen ihn hin und her.   *Holzblocktrommel*
Nun kehrt Stefan mit seinen Eltern zurück.   *Agogo*
„Schau!" ruft Vati, „dort tanzt dein Wasserball!"
Schnell schwimmt Vati hin
und bringt dem glücklichen Stefan seinen Ball,
mit dem er nun wieder lustig spielen kann.

Spiele mit kreativem Tanzen

Begriffsbildung: leicht – schwer
Vertiefung: Tanzgeschichte „Die Bären und Schmetterlinge im Frühling"

– Unterscheiden von leichten und schweren Dingen
– Die Begriffe „leicht" – „schwer" ganzkörperlich erfahren
– Instrumente zu den Begriffen finden und zuordnen
– Spontanes Reagieren auf akustische Signale
– Bewegungsideen zum Thema „leicht – schwer" finden

Zwei leere Tastsäckchen, Stein, Chiffontücher, Seil, „Bärenohren". Musik: Pizzicatopolka von Johann Strauß. Instrumente: Pauke, Trommel, Fingercymbeln, Glockenspiel.

Begrüßungsspiel

Ich klatsche die Silben der Namen der Kinder, ohne zu sprechen. Die Kinder sollen erraten, welchen Namen ich geklatscht habe.

Einkreisen des Themas

Zwei Tastsäckchen werden im Sitzkreis weitergegeben: in einem befindet sich ein Chiffontuch, im anderen ein Stein. Jedes Kind versucht für sich, den Inhalt zu ertasten (ohne es den anderen Kindern zu verraten!). Dann sagen die Kinder, was sie gefühlt haben. Wir betrachten und besprechen die beiden Gegenstände. Unterschiede werden festgestellt (leicht, schwer, hart, weich, bunt, grau ...) „Welche Worte kennst du, in denen die Begriffe leicht oder schwer stecken?" Kurzes Gespräch darüber.

Lockerungsspiel

Freies Bewegen im Raum. Hebe ich das Tuch, versuchen die Kinder, sich ganz leicht zu machen (alle Gliedmaßen sind ganz locker) – hebe ich den Stein, „sind alle Kinder Steine".

Erfassen einer komplexen Situation

Wir bilden einen Sitzkreis. Instrumente (Pauke, Trommel, Fingercymbeln, Glockenspiel) werden in den Kreis gelegt und von mir vorgespielt. Deren

Klänge werden nun von den Kindern in „schwere" und „leichte" Klänge geordnet.

Anschließend ordnen wir dem Instrumentenspiel bestimmte Körperbewegungen zu, z.B.:

leicht – Fingercymbeln, Glockenspiel – Zehenspitzengehen
schwer – Pauke, Handtrommel – Stampfen.

Bewegungsbegleitung

– Ich spiele die Instrumente, die Kinder bewegen sich dazu. Dann werden die Instrumente an vier Kinder übergeben. Diese vereinbaren untereinander, wer spielt! (auch eine soziale Übung) Die anderen Kinder bewegen sich dazu.

– Nun bewegt sich eine Person (ich oder ein Kind) auf Zehenspitzen, ein Kind begleitet die Bewegung mit dem dazupassenden Instrument (Fingercymbeln oder Glockenspiel).

– Der Raum wird mit einem Seil in zwei Teile geteilt. In einem Teil liegt der Stein, im anderen Teil ein Chiffontuch. Spiele ich auf der Pauke, bewegen sich alle Kinder stampfend im Teil des Steines. Erklingt das Glockenspiel, tanzen alle Kinder auf Zehenspitzen um das Chiffontuch.

Die Gegenstände werden nun weggeräumt und die Übung noch einmal durchgeführt. Wieder muß der richtige Platz im Raum gefunden werden.

Sitzkreis: Wir überlegen uns, welche Tiere sich leicht und welche sich schwer bewegen. (Vögel, Schmetterlinge, Bienen – Elefanten, Bären, Dinos ...)

Wir ordnen nun die Tiere den beiden Teilen des Raumes zu.

Jedes Kind darf sich nun aussuchen, ob es lieber einen Bär oder einen Schmetterling darstellen will.

Vorstellungskraft – Kreativität

Spiele ich auf dem Glockenspiel, bewegen sich alle Schmetterlinge im „leichten" Teil, tönt die Pauke, tapsen die Bären im „schweren" Teil.

Das Seil wird anschließend weggeräumt.

Vertiefung

Eine *Geschichte*, die man auch tanzen kann: *Schmetterling- und Bärentanz.*

Die Schmetterlinge bekommen als Flügel Chiffontücher, die Bären Bärenohren aus Karton oder Filz.

Ausklang
Ein Kind nach dem anderen spielt auf einem Instrument und geht mit der passenden Bewegung aus dem Raum.
Z.B. Pauke – Stampfen wie ein Bär ...

Die Bären und Schmetterlinge im Frühling

Eine Geschichte zum Tanzen

Im Wald lebt eine Bärenfamilie.
Den ganzen Winter über schlief sie in ihrer Bärenhöhle.
Nun ist es Frühling!
Die ersten Schmetterlinge schweben leicht über die Wiese und lassen ihre Flügel von der Sonne bescheinen. Die warmen Sonnenstrahlen wecken auch die Bären. Langsam bewegen sie ihre schweren Körper. Der jüngste Bär Brummi streckt seine Nase aus der Höhle und sieht die Schmetterlinge durch die Luft tanzen.
„Auf, auf!" brummt er, „der Frühling ist da!"
Als er den Schmetterlingen zusieht, bekommt auch er Lust mitzutanzen. Er versucht es und tapst auf zwei Beinen im Kreis. Auch Mamabär und Papabär und Brummis Geschwister bekommen Lust, mit den Schmetterlingen mitzutanzen.
So tapsen sie aus der Bärenhöhle hinaus in den Sonnenschein, um gemeinsam mit den Schmetterlingen den Frühling zu begrüßen.

Frühlingstanz der Bären und Schmetterlinge

Musik: Pizzicatopolka von Johann Strauß   ⭕ Bär   ➤ Schmetterling

Aufstellung:

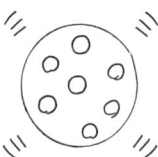

In der „Bärenhöhle" (mit einem Seil
markiert) schlafen die Bären.
In jeder Ecke des Raumes stehen drei
Schmetterlinge hintereinander.

1. Teil:

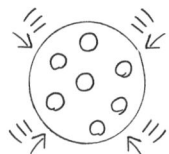

Jede Schmetterlingsgruppe läuft
nach und nach zur Mitte.

2. Teil:

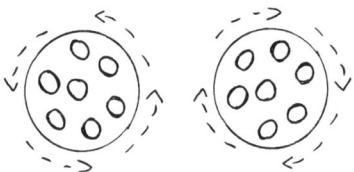

Die Schmetterlinge laufen um die
Bärenhöhle – Richtungswechsel.

3. Teil:

Die Bären tapsen im Kreis.
Die Schmetterlinge knien und
bewegen die Tücher.

4. Teil:

Die Bären und die Schmetterlinge
tanzen.

Schluß:

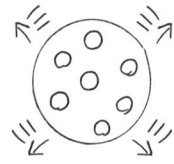

Jede Schmetterlingsgruppe läuft in
ihre Ecke, die Bären ruhen sich aus.

Spiele mit dem Wetter

Begriffsbildung: rund um das Thema „Wetter"
Vertiefung: Klanggeschichte „Wir gehen spazieren"
Bewegungsspiel mit „Programmusik"

Lernziele

– Kennenlernen verschiedener Wettererscheinungen
– Reagieren auf akustische Signale
– Kennenlernen von „Programmusik"

Material

Zeichenblätter, elementare Instrumente, Musikaufnahme: „Frühling" aus den „Vier Jahreszeiten" von Antonio Vivaldi (1. Satz). Instrumente zur Geschichtenbegleitung: Glockenspiel, Trommel, Rasseln, Triangel, Pauke, Holzblocktrommel.

Begrüßungsspiel
Im Sitzkreis klatscht jedes Kind die Silben seines Namens.

Einkreisen des Themas
Wir sprechen über Wettererscheinungen. Einige Wettererscheinungen werden aufgezeichnet.

Sonne   Wolke   Regen   Gewitter   Hagel   Schnee

Lockerungsspiel
Freies Bewegen im Raum. Zeige ich das Zeichenblatt mit der *Sonne*, legen sich alle Kinder auf den Boden (*sonnen*). Zeige ich das Blatt mit *Regen*, stellen sich alle Kinder unter (*verstecken*).
Bei *Schnee:* steif stehen wie ein Schneemann.

Erfassen einer komplexen Situation
Einige Instrumente liegen vor mir auf dem Boden: Glockenspiel, Handtrommel, Rassel, Pauke, Holzblocktrommel ...

Den Zeichnungen werden nun Instrumente zugeordnet, z. B.:

Sonne: *Glockenspiel*
Wolken: *Handtrommel (gerieben)*
Regen: *Rasseln*
Gewitter: *Rasseln, Triangel und Pauke*
Hagel: *Holzblocktrommel*
Schnee: *Fingercymbeln*

Wir spielen mit den Instrumenten eine kleine Klanggeschichte:

Wir gehen spazieren, die Sonne scheint.	*Glockenspiel*
Wolken ziehen auf,	*Handtrommel (gerieben)*
wir gehen schneller.	
Es regnet,	*Rasseln*
wir verstecken uns.	
Es hagelt	*Holzblocktrommel*
und blitzt,	*Triangel und Pauke*
wir bleiben im Versteck.	
Endlich kommt wieder die Sonne,	*Glockenspiel*
wir gehen nach Hause.	

(Diese Geschichte können die Kinder auch darstellen.)

Vertiefung

Wir hören gemeinsam den 1. Satz (*Frühling*) aus den „Vier Jahreszeiten" von Antonio Vivaldi und sprechen darüber. Können die Kinder den „Inhalt" der Musik nachempfinden? (Wir gehen *spazieren*, die *Sonne* scheint, *es regnet, Gewitter, Sonnenschein* ...)

Ausklang

Wir wiederholen das Lockerungsspiel, aber diesmal mit Instrumentenbegleitung.

Spiele mit Holzstäben

Begriffsbildung: lang – kurz
Vertiefung: Spruch mit Stabbegleitung „Hurle hurle ha"

– Lange und kurze Töne in der Musik erfahren und in Bewegung umsetzen können
– Bewegungsideen mit den Stäben finden
– Orientierung im Raum / Reagieren auf visuelle Zeichen

Lernziele

Für jedes Kind einen langen und einen kurzen Holzstab, Flöte (ruhige Kassetten-Musik)

Material

Begrüßungsspiel
Namensspiel: Sitzkreis auf dem Boden. Ein kurzer Stab wird zu einem Kind gerollt, dieses Kind nennt seinen Namen und rollt den Stab einem anderen Kind im Kreis zu, dieses sagt wieder, wie es heißt usw. bis alle Namen der Kinder bekannt sind.
Weiterführung: Ein Kind rollt den Stab einem ihm schon bekannten Kind zu und sagt: „Ich rolle den Stab zur Sabine" usw.
Alle Kinder im Kreis sollten in das Spiel miteinbezogen werden.

Einkreisen des Themas
Ein langer und ein kurzer Stab liegen im Kreis. Wir besprechen deren *Unterschiede* und *Material*.

Lockerungsspiel
Freies Bewegen im Raum. Hebe ich den langen Stab hoch, versuchen die Kinder, sich „lang zu strecken".
Zeige ich den kurzen Stab, üben alle, sich zusammenzuziehen und „kurz zu machen".

Erfassen einer komplexen Situation
– Alle bewegen sich im Raum. Einige kurze und einige lange Stäbe werden aufgelegt. Auf mein akustisches Signal (zwei Stäbe klopfen aneinander) setzt sich jedes Kind zu einem Stab.

- Ich gehe zu jedem Kind und frage es, welcher Stab ihm fehlt. Diesen bekommt es dann von mir, so daß jedes Kind einen kurzen und einen langen Stab hat.
- Jedes Kind versucht nun,
mit seinen zwei Stäben eine Form zu legen, z.B.
- Jedes Kind zeigt nun seine Lieblingsform vor, alle versuchen, diese Figur nachzulegen.

- Nun können die Kinder mit den beiden *Stäben experimentieren.* z.B. rollen, reiben, klopfen, tragen und balancieren, schieben, als Steckenpferd verwenden ... Vorschläge der Kinder werden von allen wiederholt.
- Die Stäbe werden auf den Boden gelegt.

Ich spiele auf der Flöte. Wenn ich kurze Töne spiele, laufen die Kinder um den kurzen Stab, bei langen Tönen um den langen Stab (verschiedene Bewegungen werden ausgeführt).

Vertiefung

Hurle hurle ha,	*klatschen*	*der kurze Stab klopft*
die Schlittenzeit ist da.	*(mit den Händen)*	*auf den langen Stab*
Ich hole meinen Schlitten ab	*patschen (mit den*	*mit dem langen*
	Handflächen auf	*Stab auf den*
	den Oberschenkeln)	*Boden klopfen*
und fahr mit ihm bergauf, bergab.	*patschen*	*mit dem langen Stab*
		auf den Boden klopfen
Hurle hurle ha,	*klatschen*	*Stäbe aufeinander*
die Schlittenzeit ist da.		*klopfen*

Zuerst wird der Spruch mit Klanggesten, danach mit Stäben begleitet
(im Sitzkreis).

Ausklang

Schlittenfahrt! (geht am besten bei glattem Boden)
Dabei sitzt ein Kind am Boden und hält zwei lange Stäbe an einem Ende, das zweite Kind steht und hält die Stäbe am anderen Ende fest.
Nun versucht das stehende Kind, das sitzende durch den Raum zu ziehen. Wie ein Pferd mit Schlitten ...

50

Spiele mit unserem Rücken

Begriffsbildung: den Rücken bewußt erleben
Vertiefung: Musik und Zeichnen

– Taktile Empfindungen in der Bewegung und im Instrumentenspiel ausdrücken können
– Taktile Eindrücke graphisch notieren
– Taktile Eindrücke aus dem Gedächtnis wiedergeben
– Verschiedene Körperteile bewußt kennenlernen und erleben

Eine große Rolle Packpapier, für jedes Kind zwei Ölkreiden.
Kassette: „Radetzkymarsch" von Johann Strauß; ruhige Musik oder Gitarre.

Begrüßungsspiel

Die Kinder sitzen mit geschlossenen Augen und gebeugtem Oberkörper im Kreis. Ich streichle jedem Kind über den Rücken und „wecke es auf".

Einkreisen des Themas

Wir klopfen unseren Körper ab. („Wir wecken ihn auf.")
Von den Zehen bis zum Kopf nennen wir alle Körperteile, die wir gerade berühren.

Lockerungsspiel

Freies Bewegen im Raum. Auf Zuruf liegen alle Kinder auf dem Rücken, Bauch, der Seite, auf dem Ellenbogen ...)

Erfassen einer komplexen Situation

Paarspiele: Jedes Kind sitzt mit einem Freund oder einer Freundin hintereinander auf dem Boden. Zu einer langsamen Musik (Kassette oder Gitarrenbegleitung) *streichelt*, *klopft*, *massiert* ... ein Kind den Rücken des anderen so, daß es dem Partner gefällt! Eventuell schließt das vordere Kind die Augen. (Partnerwechsel)
Tiere krabbeln über den Rücken: Ein Kind versucht, die typischen Bewegungen verschiedener Tiere auf den Rücken seines Partners zu malen. Der Partner soll erraten, welches Tier krabbelte. Wechsel!

 *Verschiedene Formen* werden dem Partner mit dem Finger auf den Rücken gezeichnet.

 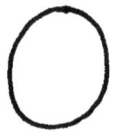   

Dieser versucht, diese Formen im Raum zu gehen. Ebenfalls Wechsel.

 *Stille Post mit Zeichen:* Die Kinder stehen in einer Reihe hintereinander. Ich zeichne mit dem Finger eine Form auf den Rücken des letzten Kindes in der Reihe, dieses versucht die gespürte Form auf den Rücken des vorderen Kindes zu zeichnen ...

Das vorderste Kind der Reihe zeichnet die gefühlte Form auf ein Blatt Papier. Stimmt sie noch mit der Ausgangsform überein?

Vertiefung

 Eine Rolle Packpapier wird ausgerollt. Die Kinder sitzen paarweise hintereinander rund um das Papierband. Das jeweils vordere Kind bekommt in jede Hand eine Ölkreide.

Ich spiele den „Radetzkymarsch" von Johann Strauß vom Band/Kassette.

  Das jeweils hinten sitzende Kind versucht nun mit beiden Händen, rhythmische Akzente der Musik durch Klopfen, Reiben, Wischen in verschiedenen Richtungen auf den Rücken des Partners zu „zeichnen".

Das vordere Kind *übernimmt die rhythmischen Zeichen* und überträgt sie *aufs Papier.* Wechsel!

Ausklang

 Alle Kinder liegen auf dem Bauch. Ich streichle jedem Kind über den Rücken.

Spiele mit Kartonstreifen und Klangstäben

Begriffsbildung: hoch – tief
Vertiefung: Klanggeschichte „Warum die Pauke krachte"

– Erkennen und Unterscheiden von hohen und tiefen Klängen
– Erkennen und Einhalten von Grenzen
– Schulung des Reaktionsvermögens
– Hohe und tiefe Klänge in Bewegung umsetzen können

Lernziele

2 klingende Stäbe mit den Tönen C' und D"; 5 kurze und 5 lange Kartonstreifen (ca. 7 und 14 cm lang), ein langes Seil zum Abteilen des Raums, ein Glockenspiel, eine Drehpauke.

Material

Begrüßungsspiel
Sitzkreis am Boden. Wir singen unsere Namen und begleiten dies mit den klingenden Stäben.

Einkreisen des Themas
Wir betrachten die klingenden Stäbe und stellen die *unterschiedlichen Längen/ Tonhöhen* fest.

Lockerungsspiel
Wenn ich den tief klingenden Stab spiele, bewegen sich alle tief am Boden (krabbeln, kriechen, Entengang ...).
Spiele ich den hoch klingenden Stab, bewegen sich alle Kinder nach oben (Zehenspitzengang, Arme in die Höhe strecken etc.).

Der Raum wird mit einem Seil in *zwei Teile geteilt,* in einen hohen Teil und einen tiefen Teil.
Spiele ich *hohe Töne*, bewegen sich die Kinder im *hohen Teil* – auf Zehenspitzen.
Spiele ich *tiefe Töne*, bewegen sich die Kinder im *tiefen Teil* – krabbeln.

Erfassen einer komplexen Situation

Sitzkreis: Verschieden lange Kartonstreifen werden aufgelegt und mit den klingenden Stäben verglichen. C' verdeutlicht die langen Kartonstreifen, D'' kurze Kartonstreifen.

Ich lege eine Folge von verschieden langen Kartonstreifen auf.

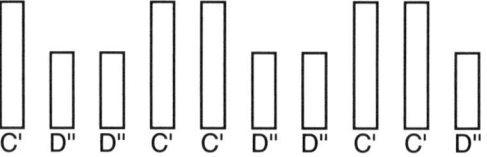

C' D'' D'' C' C' D'' D'' C' C' D''

Diese *grafische Notation* wird nun zuerst von mir, dann von den Kindern mit den klingenden Stäben abgespielt.

Die Notation kann auch von den Kindern verändert werden.

Vertiefung

Geschichte: „Warum die Pauke krachte"

Ausklang

Freies Bewegen im Raum. Spiele ich einen hohen Ton, geht ein Kind auf den Zehenspitzen aus dem Raum. Ertönt ein tiefer Ton, im Entengang

Warum die Pauke krachte

Im Musikraum eines Kindergartens stehen viele Instrumente.

Aus Metall: Fingercymbeln, Triangeln, Glockenspiele und Metallophone.

Aus Holz: Holzblocktrommeln, Klanghölzer, Kastagnetten, Wooden Agogos und Xylophone.

Aus Fell: Trommeln, Drehpauken und Bongos.

Und solche, mit denen man rasseln kann: Rasseln, Schüttelrohre.

Am Tage spielen die Kinder damit, aber nachts, wenn alle schlafen, machen sie manchmal ihre eigene Musik. Da spielt die rote Rassel mit den Klangstäben, und die Trommel schlägt dazu den Takt. Oder das Agogo spielt mit den Fingercymbeln, und das Xylophon begleitet sie. Eines nachts spielt das Glockenspiel, und die Drehpauke begleitet es.

„Ich möchte auch einmal so hohe klare Töne spielen wie du", sagt die Drehpauke zum Glockenspiel.

„Das ist doch ganz einfach", antwortet das Glockenspiel, „du mußt es nur versuchen!" Aber so sehr sich die Drehpauke auch anstrengt, sie schafft es nicht.

„Probier es noch einmal", sagt das Glockenspiel und spielt die schönsten hohen Töne. Da versucht die Drehpauke es noch einmal, sie dreht sich und dreht sich, bis es kracht! Das Fell hat einen Riß.

Nun ist das Glockenspiel ganz bestürzt. Das hat es nicht gewollt.

Die Drehpauke kommt zur Reparatur und bleibt lange weg.

Endlich, eines Tages steht sie wieder da. „Ich kann nicht so hoch spielen wie du, ich bin ja nicht aus Metall", sagt sie zum Glockenspiel, „aber ich kann dich begleiten, wenn du willst."

Das findet das Glockenspiel sehr schön. Es spielt die hohen Töne, und die Drehpauke spielt dazu mit ihrem tiefen dumpfen Ton.

(Falls vorhanden, kann die Geschichte mit Glockenspiel und Drehpauke begleitet werden.)

Spiele mit Bleischnüren

Begriffsbildung: rund – eckig
Vertiefung: Klanggeschichte „Die Schnecke im Gemüsebeet"

Lernziele
– Die Begriffe „rund" und „eckig" am Material und in der Musik erfahren
– Auf einen Partner eingehen können
– Bleischnüre als klangerzeugendes Material erfahren

Material
Für jedes Kind eine dünne Bleischnur, ca. 1 m lang. „Rund" und „eckig" klingende Musik: Legato-Spiel auf der Flöte, Marschmusik auf Kassette. Instrumente zur Geschichtenbegleitung: Kastagnette, Holzblocktrommel, Fingercymbeln, Rasseln.

Begrüßungsspiel
Wir klatschen mit beiden Händen, patschen auf unsere Oberschenkel oder stampfen unseren Namen mit den Füßen.

Einkreisen des Themas
Die Kinder bilden mit den Händen eine Schale und schließen die Augen.
Ich lege je eine Bleischnur in die Hände der Kinder. Wer die Schnur spürt, darf die Augen öffnen. Wir betrachten die Bleischnüre und besprechen den herkömmlichen Verwendungszweck (Bleibandabschluß bei Gardinen).

Lockerungsspiel
Alle Bleischnüre liegen auf dem Boden; die Kinder bewegen sich im Raum. Lasse ich eine Bleischnur fallen, geht jedes Kind zu seiner Bleischnur und läßt sie ebenfalls fallen – auf möglichst verschiedene Gegenstände (Fensterbrett, Matte, Boden, auf einen Ball, auf ein Buch ...).
Unterschiedliche Tonhöhen werden beachtet und Unterschiede besprochen.

Erfassen einer komplexen Situation
Sitzkreis: Ich lege in die Mitte des Kreises eine einfache Form vor, alle Kinder versuchen, diese Form nachzulegen. Wir bilden runde und eckige Formen.
Ein Kind legt eine Form vor, die anderen versuchen dieselbe.
Partnerspiel: Das eine Kind legt eine Form, der Partner legt diese nach.

Öfters wiederholen und wechseln.
Das Lieblingsgebilde wird von allen betrachtet.

Vertiefung

Ein *gemeinsames Rundes* und ein *gemeinsames Eckiges*. Eine Gruppe legt einen Kreis, die andere Gruppe ein Viereck.
Spiele ich eine „runde Musik" (rund klingende Musik: Legatospiel auf der Flöte), bewegen sich alle Kinder um den Kreis; bei eckiger Musik (Marschmusik oder abgehackte Flötentöne) um das Viereck.
Als Alternative hierzu können auch alle Kinder gemeinsam eine große Spirale („Schnecke") legen. Dann folgt die Klanggeschichte „Die Schnecke im Gemüsebeet".

Ausklang

Ein Kind darf entweder um das runde oder eckige Gebilde gehen.
Ich begleite es dazu mit der Flöte. Das Kind muß kontrollieren, ob ich die richtige Musik spiele (Legato oder Staccato).

Die Schnecke im Gemüsebeet

Eine Klanggeschichte

In einem Garten lebt eine Schnecke. Sie trägt ein schönes, weißes Haus mit braunen Streifen auf ihrem Rücken. Es gefällt ihr gut im Garten.

Eines Tages trifft sie eine Heuschrecke,
die über die Wiese springt.   *Kastagnette*
„Hallo Schnecke, spielst du mit mir Fangen?"
fragt die Heuschrecke. „Nein, ich kann nicht", sagt die Schnecke,
„du hüpfst viel zu schnell, dich kann ich nie erwischen!"
„Tut mir leid!" antwortet die Heuschrecke
und springt über den größten Kohlrabi.   *Kastagnette*
Da kriecht ein Maulwurf aus der Erde.   *Holzblocktrommel*

„Hallo Schnecke, hilfst du mir beim Graben?" fragt er.
„ Das würde ich gerne", sagt die Schnecke,
„aber ich kann nicht graben."
Da schlüpft der Maulwurf ins Loch zurück.   *Holzblocktrommel*
Die Schnecke hört ein leises Brummen:
Eine Biene fliegt zu einer Erdbeerblüte.   *Fingercymbeln*
„Hallo Schnecke!" summt die Biene,
„hilfst du mir Honig sammeln?" –
„Ja gerne, aber ich kann nicht fliegen", antwortet die Schnecke.
„Schade!" summt die Biene und fliegt zur nächsten Blüte.   *Fingercymbeln*
Langsam kriecht die Schnecke weiter.   *Rassel*
Da trifft sie eine kleine, junge Schnecke
mit einem braunen Haus auf dem Rücken.
„Hallo, große Schnecke, kannst du mir zeigen,
wo es etwas zum Knabbern gibt?" fragt die kleine Schnecke.
„Ja, komm mit", antwortet die große.
Und so kriechen beide zuerst zum grünen Salat,   *Rasseln*
dann zum Kohl,   *Rasseln*
und als Nachtisch gibt es frische Erdbeeren.   *Rassel*
„Das schmeckt aber gut", sagt die kleine Schnecke,
kriecht in ihr kleines Haus   *Rassel*
und schläft ein.
Auch die große Schnecke ist müde geworden,
schlüpft in ihr großes weißes Haus   *Rassel*
und schläft bis zum Morgen.

Spiele mit Instrumenten

Begriffsbildung: laut – leise
Vertiefung: Klanggeschichte „Von Elefanten und Ameisen"

– „Laut" und „leise" in der Bewegung und in der Musik erfahren
– Crescendo – decrescendo im Instrumentenspiel erfahren
– Auf visuelle Signale reagieren
– Den Zusammenhang zwischen grafischer Notation und Klängen erkennen

Lernziele

Für jedes Kind ein elementares Instrument, z.B. verschiedene Rasseln, Fingercymbeln, Klanghölzer, Holzblocktrommel, Handtrommel, Trommeln, Wooden Agogo, Schellenkränze.
Grafische Notation: ein großes Blatt Papier, einen dicken Filzstift.

Material

Begrüßungsspiel
Ich *singe* die Namen der Kinder – einmal *laut,* einmal *leise*.

Einkreisen des Themas
Verschiedene Lautstärken werden besprochen. „Welche lauten und leisen Geräusche kennst Du?"
Laut: Verkehr, Flugzeug, Zug, Sturm, Donner, Elefanten, Pferdegetrappel ...
Leise: Uhrenticken, es regnet, Blätter bewegen sich, Katzenschleichen ...
In die Mitte des Sitzkreises werden Instrumente gelegt, vorgespielt und in eine laut klingende und eine leise klingende Gruppe geordnet.
Laut klingende Instrumente: Trommeln, Holzblocktrommeln, Schellenkränze.
Leise klingende Instrumente: Rasseln, Fingercymbeln, Klanghölzer, Wooden Agogo gerieben.

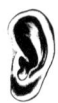

Lockerungsspiel
Bewegungsbegleitung. Spiele ich ein Instrument der lauten Gruppe, versuchen die Kinder laut klingende Bewegungen (stampfen).
Spiele ich ein Instrument der leisen Gruppe, machen sie leise Bewegungen (auf Zehenspitzen gehen).

Erfassen einer komplexen Situation

Elementare Instrumente wie Rasseln, Klanghölzer, Holzblocktrommel, Handtrommel, Trommeln, Wooden Agogo, Schellenkränze werden aufgelegt.
Jedes Kind darf sich eines aussuchen.

Dirigierspiel mit Handzeichen: Bei geschlossenen Armen klingen alle Instrumente leise, bei geöffneten, gestreckten Armen klingen sie laut.

alle Instrumente leise  alle Instrumente laut

Öfters wiederholen – *ein Kind darf der Dirigent sein.*
– Jedes Kind darf sein Instrument vorspielen. Klingt es eher lauter oder leiser?
  Zwei Instrumentengruppen werden gebildet: laut klingende und leise klin-
  gende Instrumente (siehe oben).
– Eine grafische Notation wird aufgelegt und besprochen.

 laut  leise

Die Instrumentengruppen werden den grafischen Symbolen zugeordnet und
diese grafische Notation abgespielt:

Vertiefung

Die Geschichte von den Elefanten und den Ameisen wird vor den Kindern aufgezeichnet.

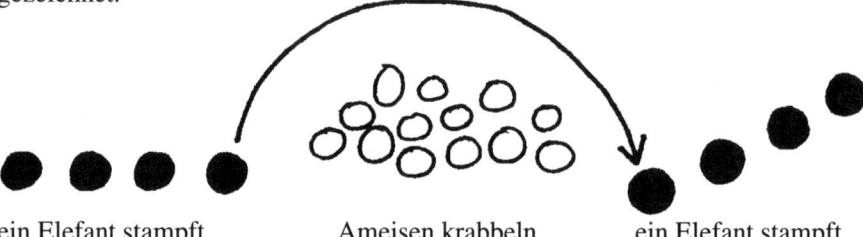

ein Elefant stampft   Ameisen krabbeln   ein Elefant stampft

60

Von Elefanten und Ameisen

Eine Klanggeschichte

Eine Elefantenfamilie stampft dahin und freut sich,
daß die Sonne scheint. *alle lauten Instrumente*
Plötzlich steht der Elefantenvater
vor einem Ameisenhügel,
in dem es nur so wurlt und krabbelt. *alle leisen Instrumente*
Der Elefant nimmt Anlauf und – hopp – *alle lauten Instrumente*
springt er darüber.
Ein Elefant nach dem anderen schafft es,
nur der Kleinste nicht. Was macht er? ...

Ausklang
Dirigierspiel mit Handzeichen:
„laut" und „leise" durch
entsprechende
Armbewegungen
anzeigen.
Ein Kind
nach dem
anderen legt sein
Instrument zurück und
geht aus dem Raum.

Spiele mit Watte

Begriffsbildung: hart – weich
Vertiefung: Tanzgeschichte
         „Von den Schneemännern und Schneeflocken"

Lernziele
– Die Begriffe „hart" und „weich" ganzkörperlich erleben
– Die Begriffe „hart" und „weich" in der Musik erkennen
– Bewegungsmöglichkeiten mit dem Material Watte finden
– Musik und Bewegungstempo kombinieren

Material
Watte, Fidula Kassette Nr. 6 („Mogelkette") oder Gitarre, ein Paar Fingercymbeln, eine Handtrommel, ein weicher Schal oder ein weiches Kissen, ein Schneemann auf Papier gezeichnet.

Begrüßungsspiel
Wir sitzen im Kreis auf dem Boden. Der weiche Schal oder das weiche Kissen wird herumgereicht und das Gefühl beim „Kuscheln" besprochen.

Einkreisen des Themas
Die Kinder schließen die Augen und formen mit den Händen eine Schale. Wattebauschen werden hineingelegt. Wer in seiner „Schale" (in der Hand) etwas spürt, darf die Augen öffnen.

Die Eigenschaften der Watte werden besprochen: weiß, weich, leicht, schwebend, kuschelig ...
„Wozu kann man Watte benützen?" Zum Füllen von Kissen, zum Abschminken, zum Abtupfen, zur Wundbehandlung, zum Basteln ...

Lockerungsspiel

Verschiedene Bewegungsmöglichkeiten mit dem Material Watte finden.
Vorschläge der Kinder werden aufgegriffen und von allen *wiederholt*, z.B.
– auf verschiedenen Körperteilen balancieren
– in die Luft werfen, blasen
– gleichzeitig mit der Watte zu Boden gleiten.

Erfassen einer komplexen Situation

- Im Gespräch stellen wir einen *Zusammenhang* zwischen *Watte* und *Schneeflocken* her.
- Alle „Schneeflocken" werden in eine Ecke des Raumes geblasen.
- *Gespräch:* „Was entsteht, wenn man viel Schnee zusammendrückt?"
  Aus „weich" wird „hart" (Schneeball – Schneemann).
- Wir stellen die Unterschiede zwischen einer Schneeflocke und einem Schneemann fest.
- *Bewegungsspiel:* Wenn ich mit den *Fingercymbeln* spiele, bewegen sich alle Kinder wie *Schneeflocken* (leicht).
- Spiele ich auf der *Handtrommel,* stellen alle Kinder Schneemänner dar (hart).

Spannung der Kinder kontrollieren: Ich gehe zu jedem Kind und versuche, seinen gestreckten Arm, den Rumpf oder den Kopf zu beugen. Wenn das Kind die Spannung hält, gelingt es mir nur schwer, seine Gliedmaßen zu bewegen.

Vertiefung

Die Geschichte „Von den Schneemännern und Schneeflocken" wird tänzerisch dargestellt, zu Musik der oben genannten Kassette.

Ausklang

Ein großer Schneemann, der auf Papier gezeichnet wurde, wird mit den Wattebauschen beklebt.

Von den Schneemännern und Schneeflocken

Eine Geschichte, die man auch tanzen kann

Auf einem Schneefeld haben Kinder Schneemänner gebaut. Einer hat einen schwarzen Hut auf dem Kopf, ein anderer trägt eine blaue Zipfelmütze. Alle haben Kohlenaugen und Karottennasen.
Nur der kleinste Schneemann hat ein rotes Radieschen als Knollennase im Gesicht. Er ist sehr stolz drauf.

Am Tage stehen die Schneemänner ganz ruhig auf ihrem Platz. Aber in der Nacht fangen sie an, sich zu bewegen! Sie wackeln mit ihren Köpfen und bewegen die Arme. Das sieht so lustig aus, daß die Schneeflocken, die gerade vom Himmel fallen, Lust bekommen mitzutanzen.

Sie fliegen um die einzelnen Schneemänner herum und kitzeln sie an den Nasen und im Nacken. Das ist den Schneemännern gar nicht recht. Sie drohen mit ihren Stöcken und Besen.

Die Schneeflocken tanzen nun im Kreise um die Schneemänner herum.

Das gefällt den schwerfälligen weißen Gesellen, und auch sie versuchen sich zu drehen. Schön langsam, damit kein Hut vom Kopf und keine Nase in den Schnee fällt.

Am nächsten Morgen stehen alle Schneemänner wieder auf ihrem Platz. Nur das Radieschen im Gesicht des kleinsten Schneemannes ist ein bißchen verrutscht ...

Tanz der Schneeflocken und der Schneemänner

Musik: Fidula Kassette Nr. 6 „*Tanzspiele für Kinderpartys* – Mogelkette" oder
Gitarrenbegleitung:
Schneemänner – „harte Klänge" (Schlagen von Akkordfolgen)
Schneeflocken – „weiche Klänge" – Zupfen verschiedener Akkorde.
Aufstellung:

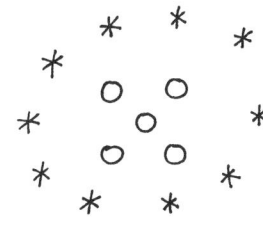

5 Kinder stehen als Schneemänner
in der Mitte des Raumes
10 Kinder stehen als Schneeflocken
am Rand des Raumes

Tanzfolge:
1 – Die Schneemänner bewegen die Köpfe.
2 – Die Schneeflocken wirbeln um die Schneemänner.
3 – Die Schneemänner bewegen drohend die Arme.
4 – Die Schneeflocken tanzen zum Kreis.
5 – Die Schneemänner drehen sich langsam im Kreis.
6 – Die Schneeflocken tanzen im Kreis um die
    Schneemänner.

Während die Schneemänner tanzen,
sitzen die Schneeflocken still auf dem Boden.
Während die Schneeflocken tanzen,
stehen die Schneemänner ganz ruhig.

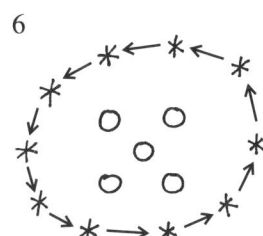

Spiele mit Licht und Schatten

Begriffsbildung: hell – dunkel
Vertiefung: Klanggeschichte „Peter und Susi auf dem Dachboden"
                    oder Lichtertanz

Lernziele
- Begriffsbildung „hell" – „dunkel" mit Licht und im Instrumentenspiel
- Angstbewältigung
- Den Schatten bewußt erleben
- Raumorientierung schulen

Material
Trommel, Fingercymbeln; Teelicht in einem Schälchen für jedes Kind, Kassette „Lichtertanz" aus: „Martins- und Laternenlieder" (Fidula Kassette 27). Ist diese Kassette nicht vorhanden, kann man auch eine andere mit ruhiger Musik wählen oder mit Gitarre, Flöte u.a. die Tanzfolge begleiten.

Begrüßungsspiel

Der Raum wird verdunkelt. Die Kinder betreten den dunklen Raum. Wir setzen uns zum Kreis auf den Boden.
„Sandra, siehst du mich?"

Einkreisen des Themas
Gespräch: „Wie fühlst du dich, wenn es dunkel ist?"

Lockerungsspiel

Wir nehmen einen Freund oder eine Freundin bei der Hand und gehen mit ihm bzw. ihr durch den dunklen Raum. Wir versuchen, nirgends anzustoßen. Anschließend geht jedes Kind alleine. (Eventuell leise Musik dazu spielen.)

Erfassen einer komplexen Situation
- Ich zünde eine Kerze (Teelicht) an. Es wird heller. Was können wir nun sehen? Schatten erleben und besprechen: Erkennst du deinen Schatten? Versuche ihn anzugreifen! Winke ihm zu!

Schattenspiele mit einer Kerze:
Ich bewege die Kerze, und der Schatten der Kinder bewegt sich ebenfalls.

66

- er wird immer größer,
- er klettert die Wände hoch,
- er fängt an zu tanzen ...

Nun werden mehrere Teelichter angezündet und in eine Ecke gestellt. Eine Ecke des Raumes ist nun heller als die anderen. Zwei Instrumente werden vorgespielt: Fingercymbeln und Trommel. Unterschiede der Klänge werden besprochen (heller Klang – Fingercymbeln, dunkler Klang – Trommel).

Bewegungsbegleitung:
Spiele ich auf den Fingercymbeln, gehen die Kinder zum Licht. Ist die Trommel zu hören, versammeln sich alle in der gegenüberliegenden dunklen Ecke.

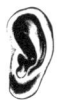

Vertiefung
Lichtertanz oder freies Gehen mit den Teelichtern im Schälchen, zu Musik von der oben genannten Kassette: „Lichtertanz". Oder die *Klanggeschichte* „Peter und Susi auf dem Dachboden".

Ausklang
Jeder löscht seine Kerze aus und geht im Dunkeln aus dem Raum.

Peter und Susi auf dem Dachboden

Eine Klanggeschichte

Peter und Susi wohnen in einem alten Haus.
Eines Tages sagt Peter: „Susi, kommst du mit, ich gehe auf
den Dachboden, vielleicht finde ich einen Schatz!"
Er nimmt seine kleine Taschenlampe mit und marschiert los.   *Trommel*
Zuerst steigen sie über eine schmale Treppe hoch   *Trommel*
bis zu einer Eisentür. Knarrend öffnen sie die schwere Türe.   *Agogo gerieben*
Vorsichtig gehen sie auf den finsteren Dachboden.   *Trommel*
Die Taschenlampe leuchtet mit einem schwachen,
gespenstischen Schein.

Viele Dinge können Peter und Susi erkennen:
einen alten Kleiderschrank, der im Schatten der Lampe
haushoch erscheint; einige alte Stühle, die im Schein der
Lampe zu tanzen beginnen, und einen alten, zerbrochenen
Spiegel, in dem man das Licht der Taschenlampe
viel heller sehen kann. Plötzlich kracht es!   *Schellentrommel*
Peter ist über eine Kiste gestolpert.
Die Taschenlampe fällt zu Boden und zerbricht.   *Fingercymbeln*
Nun ist es ganz dunkel. Die beiden bekommen Angst,
denn ohne Licht ist es hier unheimlich.
„Hallo, wo seid ihr?" ruft Mutti
und kommt mit einer großen Lampe auf den Dachboden.
Sie hat Geräusche gehört und will nachsehen.
Die Kinder sind froh, nun wieder etwas zu sehen.
„Kommt mit runter, es gibt Pudding!" sagt sie.
Peter beschließt, die Schatzsuche zu verschieben,
und läuft mit Mutti und Susi schnell die Treppe hinunter.   *Trommel*

Lichtertanz (Vorschlag)

Verschiedene Raumwege werden aufgezeichnet und mit den Kindern
besprochen.
Aufstellung: Paarreihe.
Jedes Kind hält ein Schälchen mit einem Teelicht in den Händen.

Einzug

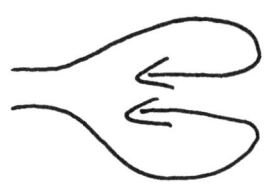

Die Reihen stehen mit
Blick zueinander

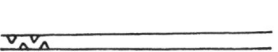

Die Kinder gehen
8 Schritte auseinander

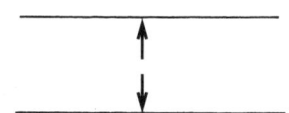

8 Schritte zueinander

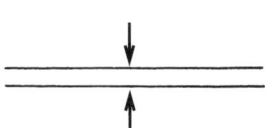

einen Kreis bilden

in Kreisrichtung gehen

Richtungswechsel

in die Kreismitte gehen

zum Kreis gehen

Abschluß: Kreis bilden

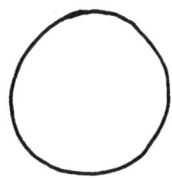

Spiele mit Joghurtbechern

Begriffsbildung: Joghurtbecher als klangerzeugendes Material erfahren
Vertiefung: Spruchbegleitung mit Joghurtbechern

Lernziele
- Die Kinder erfinden Bewegungsideen zu „Joghurtbecherklängen"
- Aufzeichnen und Abspielen von grafischer Notation
- „Joghurtbecherklänge" einem Spruch zuordnen

Material   Möglichst viele leere Joghurtbecher, ein dicker Filzstift, ein großes Blatt Papier.

Begrüßungsspiel

Auf einen Joghurtbecher wird ein Gesicht gemalt. Die Joghurtdame „Joki" entsteht. Sie begrüßt die Kinder und fragt nach ihren Namen.

Einkreisen des Themas

Gespräch: Was befindet sich in solchen Bechern? Mögliche Verwendungszwecke und Material besprechen.

Lockerungsspiel

Die Kinder suchen Bewegungsideen mit den Bechern (z.B.: diese auf Kopf, Fuß, Arm balancieren ...).

Erfassen einer komplexen Situation

- Für jedes Kind wird ein Joghurtbecher aufgestellt.
- Freies Bewegen im Raum. Auf mein akustisches Signal (zwei Becher werden gegeneinander geklopft) setzt sich jedes Kind zu einem Becher.
- Freies Spiel mit Joghurtbechern. Geräusche (Klänge) sollen erfunden werden. Vorschläge der Kinder werden aufgegriffen, von allen wiederholt und auf einem Blatt Papier, das in der Mitte des Raumes liegt, in grafischen Symbolen notiert.

Beispiele:
mit dem Finger auf den Becher klopfen　　• • • • •
Becher auf den Boden klopfen　　○ ○ ○ ○ ○
mit der ganzen Hand auf den Becher klopfen　— — — — —

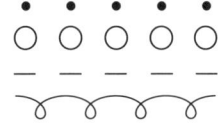

Becher auf dem Boden drehen
– Diese *grafische Notation* wird von den Kindern *abgespielt*.

Vertiefung

Der folgende Spruch „Fruchtjoghurt und süßer Quark ..." wird nun zuerst mit Klanggesten vorgestellt und öfters wiederholt.
Die grafische Notation wird anschließend dem Spruch zugeordnet und der Spruch mit Joghurtbechern begleitet.

Fruchtjoghurt und süßer Quark,　　oder　　*Jogurella Sauerrahm,*
Sahne und Kefir,　　　　　　　　　　*Obers und Fru Fru,*
Fruchtjoghurt und süßer Quark,　　　　*Jogurella Sauerrahm,*
schmeckt auch dir!　　　　　　　　　*ißt auch Du!*

	Klanggesten		Begleitung mit Joghurtbechern
Fruchtjoghurt und süßer Quark	*klatschen*	• • • • • •	*mit einem Finger auf auf den Becher klopfen*
Sahne und Kefir	*patschen*	— — — — —	*mit der flachen Hand auf den Becher klopfen*
Fruchtjoghurt und süßer Quark	*klatschen*	• • • • • •	*mit einem Finger auf den Becher klopfen*
schmeckt auch dir!	*stampfen*	○ ○ ○	*Becher auf den Boden klopfen*

Ausklang
Wir bauen einen Becherturm (Becherschloß).

71

Spiele mit Badeschwämmen im Freien

Begriffsbildung: trocken – naß
Vertiefung: Klanggeschichte „Vom Meer in die Badewanne"
            Schwammdruck

Lernziele
– Finden von Bewegungsmöglichkeiten mit dem Material
– Sensibilisierung der Haut
– Lustbetontes Spiel mit nassen Badeschwämmen

Material
Für jedes Kind einen farbigen Badeschwamm; Badebekleidung, 1 Planschbecken oder verschiedene große flache Behälter mit Wasser gefüllt. Malfarben, Packpapierbögen, große Pinsel. Instrumente zur Geschichtenbegleitung: Xylophon, Trommel, Rassel, Agogo.

Begrüßungsspiel
Wir gehen im Garten spazieren. Jedem, dem wir begegnen, schütteln wir die Hand und begrüßen ihn.

Einkreisen des Themas
Die Badeschwämme wurden vorher im Garten versteckt.

Durch das Rätsel: *„Ich bin weich, bunt und kuschelig;*
                      steh jetzt auf und suche mich!"
werden die Kinder aufgefordert, die Schwämme zu suchen. Jedes Kind, das einen Schwamm gefunden hat, darf sich mit diesem zu mir ins Gras setzen (vielleicht auf Decken oder Handtücher). Beschaffenheit und herkömmlicher Verwendungszweck der Schwämme werden gemeinsam besprochen.

Lockerungsspiel
Freies Spielen mit den Schwämmen (werfen, fangen, balancieren auf verschiedenen Körperteilen, zwischen die Beine klemmen und damit gehen, laufen, hüpfen ...).

Erfassen einer komplexen Situation
Sitzkreis. Wir „waschen" unseren Körper mit den trockenen Badeschwämmen. Wir streicheln uns damit – „was fühlst du?"

Partnerspiel: Wir waschen unseren Freund oder unsere Freundin mit dem Schwamm, was fühlt er oder sie?
Nun werden die Schwämme im Planschbecken naß gemacht. Wir beobachten, wie das Wasser langsam vom Schwamm tropft. Durch schnelles oder langsames Ausdrücken der Schwämme entstehen verschiedene Wasserspiele. Wir hören genau auf die Topf- und „Pritschel"geräusche. Wir waschen uns mit dem nassen Badeschwamm.
Partnerspiel: Die Kinder werfen einander die tropfnassen Schwämme zu. Dabei darf es ruhig mal etwas lauter zugehen ... Wir waschen unseren Freund oder unsere Freundin.

Vertiefung
Schwammdruck. Alle sitzen im Kreis. Jedes Kind darf seinen Schwamm mit einer Farbe bestreichen und auf das Packpapier drucken. So entsteht ein gemeinsames Bild. Wir begleiten die folgende Klanggeschichte „Vom Meer ins Badezimmer".

Ausklang
Jeder Schwamm wird im Planschbecken ausgewaschen. Die Kinder können sich selbst oder gegenseitig abtrocknen.

Vom Meer in die Badewanne

Eine Klanggeschichte

Tief unten am Meeresgrund wuchs ein gelblich-brauner
Schwamm mit vielen kleinen Löchern.
Genüßlich wiegt er sich in der Strömung
und läßt das Wasser durch seine Poren schwappen.   *Xylophon*
Plötzlich kommt ein Sturm auf.   *Trommel (gerieben)*
Die Strömung im Meer wird stärker
und reißt ein Stück Schwamm vom Meeresboden ab.   *Xylophon*

73

Dieses Stück tragen die Wellen an die Meeresoberfläche
und spülen es ans Ufer.   *Xylophon*
Dort liegt es nun im Sand, und seine Poren werden
durch die Sonnenbestrahlung ganz hart und trocken.   *Rassel*
Eines Tages kommen zwei Kinder ans Ufer,
um Muscheln zu suchen.   *Wooden Agogo*
Sie finden den Schwamm
und zeigen das sonderbare Ding ihren Eltern.
„Das ist ein Schwamm!" sagt Vati,
„den können wir zu Hause gut gebrauchen!"
So kommt der Schwamm ins Badezimmer,
und jedesmal, wenn er ins Wasser gelegt wird,
wird er ganz weich und kann wie im Meer
das Wasser durch seine Poren schwappen lassen.   *Xylophon*

Spiele mit Stühlen (Sesseln)

Begriffsbildung: Den Stuhl als klangerzeugendes
Material kennenlernen
Vertiefung: Spruch „Auf meinem Sessel trommle ich"

– Schulung der Körperbeherrschung (Gleichgewichtsübungen)
– Reagieren auf akustische Signale
– Visuelle Eindrücke ganzkörperlich umsetzen

Für jedes Kind einen Kinderstuhl, eine Handtrommel.

Begrüßungsspiel
Sitzkreis am Boden. Ich begrüße jedes Kind und fordere es singend auf, einen Stuhl (Sessel) zu holen und sich zum Stuhlkreis (Sesselkreis) zu setzen.

Einkreisen des Themas
Wir betrachten die Stühle und stellen Beschaffenheit und Eigenschaften fest. (Aus Holz, hart, 4 Beine, 1 Lehne, 1 Sitzfläche ...) „Welche verschiedenen Arten von Stühlen kennst du?" (Aus Metall, Kunststoff, Stoff, gepolstert ...)

Lockerungsspiel
Jedes Kind stellt seinen Stuhl in den Raum. Freies Bewegen im Raum. Auf mein akustisches Signal (Handtrommel) versucht jedes Kind, so schnell wie möglich wieder auf seinem Stuhl zu sitzen.

Erfassen einer komplexen Situation
– Jedes Kind probiert auf seinem Stuhl verschiedene Sitz- und Stehmöglichkeiten aus, z.B.:
Sitzen im Schneidersitz, Kniesitz, verkehrt, die Füße berühren die Sitzfläche, wir sitzen auf der Lehne.
Stehen auf beiden Beinen, auf einem Bein, in der Hocke ...
– Vorschläge der Kinder werden aufgegriffen und von allen – eventuell mit meiner Hilfe – nachvollzogen.

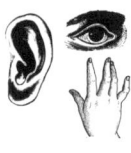

- Jedes Kind legt nun den Stuhl auf den Boden. Verschiedene Varianten werden ausprobiert – seitlich, schräg, auf die Lehne legen ...
- Freies Bewegen im Raum. Auf mein akustisches Signal (Handtrommel) versucht nun jedes Kind, die Form seines Stuhls ganzkörperlich darzustellen.

Vertiefung

Stuhlkreis. Wie *klingt* ein Stuhl? Die Kinder suchen nach verschiedenen Möglichkeiten, mit dem Stuhl Geräusche zu erzeugen: durch Klopfen, Trommeln, Schlagen, Trippeln, mit verschiedenen Körperteilen.

Spruch:

> *Auf meinem Stuhl, da trommle ich,*
> *auf meinem Stuhl, da sitze ich,*
> *auf meinem Stuhl, da schlafe ich,*
> *und hör ich einen lauten Ton* – (ein Schlag auf der Trommel)
> *lauf ich schnell davon.*

> oder

> *Auf meinem Sessel trommle ich,*
> *auf meinem Sessel sitze ich,*
> *auf meinem Sessel schlafe ich,*
> *und hör ich einen lauten Ton* – (ein Schlag auf der Trommel)
> *lauf ich schnell davon.*

Spielform

Der Spruch wird von allen Kindern wiederholt und körperlich dargestellt.
Die Kinder laufen immer zu einem anderen Stuhl, um das Spiel auszuführen.

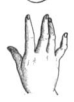

Ausklang

Dieses Spiel kann auch als Ausscheidungsspiel verwendet werden; dabei wird jedesmal ein Stuhl entfernt. Das ausgeschiedene Kind geht aus dem Raum.

Spiele mit Folie

Begriffsbildung: Musik hören, dazu Vorstellungsbilder assoziieren
und darstellen

Vertiefung: Lied „Es sitzt in seinem Biotop der Wassermann,
Herr Blubberplop"

Lernziele

– Eigenschaften und Verwendungszweck einer Folie kennenlernen
– Verknüpfen von Sinneserfahrungen – Musik bewußt hören und Assoziationen herstellen
– Empfindungen durch Bewegen der Folie ausdrücken
– Musik „sichtbar" machen

Material

Musik: „Aquarium" aus „Karneval der Tiere" von Camille Saint-Saëns.
Instrumente zur Geschichtenbegleitung: Metallophon, Fingercymbeln, Stielkastagnetten,
Glockenspiel, Rassel, Agogo.
Dünne Abdeckfolie, ca. 4 x 4 m. Kleine Schaumstoffbälle oder Luftballons.

Begrüßungsspiel

Alle gehen im Raum. Ich sitze auf dem Boden und singe die Namen der Kinder.
Wer sich angesprochen fühlt, setzt sich zum Kreis.

Einkreisen des Themas
Wir hören das Musikstück „Aquarium" an. Die Kinder versuchen nun, ihre Eindrücke verbal auszudrücken. Was stellt diese Musik dar? – Fische, Wasser, Re-
gentropfen ...

Lockerungsspiel
Freies Bewegen zur selben Musik. Jedes Kind versucht, seine Vorstellungen in
Bewegung umsetzen.

Erfassen einer komplexen Situation

Die Abdeckfolie wird vorsichtig entfaltet. Wir sprechen über deren Eigenschaften und herkömmlichen Verwendungszweck (Kunststoff, dient z.B. zum Abdek-
ken der Möbel bei Malerarbeiten ...).

- Die Kinder stellen sich im Kreis um die Folie, die in der Mitte liegt. Jedes Kind nimmt nun die Folie in die Hände, und wir versuchen, sie zu bewegen.
- Assoziationen mit dem Element Wasser werden hergestellt.
- Wir bewegen die Folie schnell auf und ab, es entstehen „kleine Wellen". Wir bewegen die Folie langsam, es entstehen „große Wellen".
- Wir lassen die Bälle und Luftballons auf der Oberfläche „schwimmen" und tanzen. Sie dürfen nicht herunterfallen!
- Wir bewegen die Folie so, daß ganz hohe Wellen entstehen. Durch diese hohen Wellen darf immer ein Kind auf Zuruf unter der Folie durchlaufen. Das Musikstück „Aquarium" wird eingesetzt. Einige Kinder dürfen Fische darstellen, die anderen versuchen, die Folie zur Musik rhythmisch zu bewegen.

Vertiefung

Alle bilden einen Sitzkreis um die Folie. Ich singe das Lied vom „Wassermann Herr Blubberplop".[*]

Wir versuchen nun, das Lied darzustellen: Der Wassermann wohnt unter der Folie, seine Freunde, die Fische besuchen ihn ...

Ausklang

Alle Kinder versuchen, unter der Folie Platz zu finden, und auf diese Weise (ohne daß die Folie herunterrutscht) gemeinsam den Raum zu verlassen.

[*] (Aus: Elisabeth Wagner, Herr Blubberplop, der Wassermann. Neue Klanggeschichten und Lieder. Don Bosco Verlag, München [2]1994)

Herr Blubberplop, der Wassermann

1. Es sitzt in sei-nem Bi - o - top der Was-ser-mann, Herr Blub-ber-plop. Er kämmt die Fisch-lein aus dem Haar, die woh-nen drin ein gan-zes Jahr.

Refrain
Plin-ge, plin-ge, plin-ge, plin-ge, wisch, wisch, wisch, Herr Blub-ber-plop fängt al - le Fisch.
plin-ge, plin-ge, plin-ge, plin-ge, plumm, plumm, plumm, das wird ihm nicht zu dumm!

2. Einst hockt ein junger Riesenfisch
   in seinen Haaren – wisch, wisch, wisch.
   Herr Blubberplop nahm ihn beim Schwanz
   und fraß ihn mit Behagen ganz.
   Refrain

3. Ein Tintenfisch kroch auch heran
   und wollte sehn den Wassermann.
   Der packte ihn bei einem Arm,
   schon war er schwarz, daß Gott erbarm!
   Refrain

4. Doch als der Wassermann war alt,
   da wurd' es ihm im Teich zu kalt.
   Nun war's mit Fischefangen aus,
   er ruht' sich an der Sonne aus.

   Refrain:
   Plinge ..., plisch, plisch, plisch,
   der Wassermann fängt keine Fisch.
   Plinge ..., plumm, plumm, plumm,
   das ist ihm jetzt zu dumm!

Spielen – mit allen Sinnen

Wolfgang Löscher (Hrsg.)
Vom Sinn der Sinne
Spielerische Wahrnehmungsförderung für Kinder

156 Seiten, zahlreiche Fotos,
kartoniert, ISBN 3-7698-0753-7

Elisabeth Wagner
Quacki, der kleine freche Frosch
37 lustige Klanggeschichten für Kinder von 3 bis 8

80 Seiten, illustriert von Felix Weinold,
kartoniert, ISBN 3-7698-0622-0

Elisabeth Wagner
Herr Blubberplop, der Wassermann
Neue Klanggeschichten und Lieder

60 Seiten, 1 S/W-Foto,
illustriert von Felix Weinold,
kartoniert, ISBN 3-7698-0700-6